Die Rückkehr des Weiblichen Prinzips

Die stille Sehnsucht der Menschheit

Inaqiawa

LebensGut-Verlag, Grit Scholz, Leipzig

Copyright: Inaqiawa
Alle Rechte vorbehalten.

1. Auflage: 2010

Satz und Gestaltung: www.scholz-grafik.de
Lektorat: Katrin Lesser

Verlagsnummer: 978-3-981105

ISBN 978-3-9811805-3-4

Vorwort

von Grit Scholz

Weltschmerz – wer kennt ihn nicht, dieses diffuse Gefühl, was sich an nichts Konkretem festmachen lässt, sondern sich wie ein grauer Schleier über - ALLES WAS IST - zu ziehen scheint. Schon als Jugendliche versuchte ich, diesem Phänomen auf die Spur zu kommen, es zu differenzieren, zu erklären. Je mehr ich mich damit befasste, um so unerträglicher wurde es mir zumute – so, als breitete sich buchstäblich das gesamte Elend der Menschheit vor mir aus – von Anbeginn der Zeit bis heute. Und im Hinterkopf immer die drängende Frage „Warum?". Wie ist es möglich, dass sich so viel Schmerz, Angst, Gewalt und scheinbare Sinnlosigkeit in tausenden Jahren der Menschheitsgeschichte immer wieder wiederholen? Sicherlich hat sich vieles verändert – und doch ist es heute nicht besser – nur anders wahnsinnig – was wir mit uns Menschen selbst und unserer Lebensgrundlage, unserem Planeten Erde tun.

Heute vermute ich, das die Ursache unserer gesellschaftlichen Schwierigkeiten und damit auch unserer wirtschaftlichen und politischen Probleme ein fehlendes Gleichgewicht ist. Das Gleichgewicht zwischen den dualen Prinzipien, die allem zu Grunde liegen und die ich hier als Männliches und Weibliches Prinzip bezeichnen will. in der chinesischen Philosophie wird von Ying und Yang gesprochen. (Auszug aus Wikipedia: *Die beiden Begriffe stehen für gegensätzliche Prinzipien: mit Yang verbindet sich ursprünglich die Vorstellung des Besonnten und daher Warmen und Hellen, mit Yin der Gedanke an Schattiges und daher Kühles und Dunkles. Der Übergang zwischen Yin und Yang ist fließend. Von dieser Grundbedeutung ausgehend wies man auch einer Fülle weiterer Gegensatzpaare einen Yin- und einen Yang-Pol zu. Insbesondere wurde das Männliche als Yang, das Weibliche als Yin betrachtet.*)

An dieser Stelle möchte ich etwas weiter ausholen. Wir leben in einer Welt der Dualität. Das heißt, es gibt zu ALLEM WAS IST auch ein Gegenteil – und dadurch definieren wir unser Sein. Die Gegensatzpaare stehen in einem Verhältnis zueinander und dieses Verhältnis sorgt für die Art der Bewegung des Lebens selbst, unserer Gefühle und der gesamten Materie. Wir reden oft von einem gesunden Gleichgewicht – doch was meinen wir damit? Das fängt schon bei der Ernährung an und zieht sich durch alle Lebensbereiche. An den Stellen, wo das Gleichgewicht gestört ist, entstehen Konflikte, die sich oft auch körperlich bemerkbar machen, was dann als Krankheit bezeichnet wird. Unsere gesamte Welt befindet sich seit tausenden Jahren in einem pathologischen Zustand, sie ist krank, weil sich so vieles im Ungleichgewicht befindet, beispielsweise in Umwelt, Wirtschaft, Politik und Kultur. Vielleicht ist das Sinn und Plan der Evolution, weil wir nur dadurch Erfahrungen machen, die uns zu Erkenntnissen bringen, die wir sonst nicht fühlen könnten. Aber darüber möchte ich an dieser Stelle nicht philosophieren.

Fakt ist für mich, dass dieser Weltschmerz ein Ergebnis von einer immer bedrohlicher werdenden Alleinherrschaft des Männlichen Prinzips ist. Damit ist nicht die Herrschaft der Männer über die Frauen gemeint – sondern die Macht des gradlinigen, zielorientierten, konzeptionellen Denkens, welches nicht verbunden ist mit dem Leben selbst. Denn diese Verbundenheit mit ALLEM WAS IST kann nur durch ein perfektes Zusammenspiel (Gleichgewicht) männlicher und weiblicher Energien und Aspekte erreicht werden. Im Verlauf von tausenden Jahren wurde das Meiste, was dem Weiblichen Prinzip entspricht, unterdrückt, verschmäht, ignoriert und am Ende zum großen Teil auch von den Frauen selbst verleugnet und vergessen.

Einzig die Ausrichtung des männlichen Prinzips, mit seinen Attributen schneller, höher, weiter, war erstrebensWERT, daher haben sich auch viele Frauen entgegen ihrer Natur orientiert, um Anerkennung und Unabhängigkeit zu erlangen.

Dies konnte aber nur geschehen, weil diese Zusammenhänge bisher den meisten Menschen nicht bewusst waren – doch genau das verändert sich gerade! Überall auf der Welt erkennen mehr und mehr Menschen diese grundlegende Ursache für den traurigen Zustand der Weltgemeinschaft, allen voran die westlichen Zivilisationen – in denen das Ungleichgewicht am deutlichsten sichtbar und spürbar ist. Der Wirtschaftswahnsinn treibt ganze Nationen in den Ruin und hat seine tödlichen Spuren überall auf dem Globus hinterlassen.

Nun geht es darum, dieses Erkennen, diese Einsicht zu nutzen, das Weibliche Prinzip wieder zu beleben, es zu stärken, es anzuwenden und eine neue Ausrichtung zu finden, die dem Leben dient, die verbunden ist mit ALLEM WAS IST, die integriert und zurück zum Herzen führt, hin zur Liebe.

Wir können das Licht nicht vom Schatten trennen.

Als ich 2007 den LebensGut-Verlag gegründet habe, um mein Buch „Das Tor ins Leben" (Bildband über die Schönheit und Einzigartigkeit der weiblichen Genitalien) einer breiteren Öffentlichkeit zugänglich zu machen, war mein Anliegen, an der Wurzel des Übels zu beginnen. Solange Frauen sich mit dem Körperteil, welches maßgeblich ihre Weiblichkeit ausmacht, nicht auskennen und sich nicht wohlfühlen, ist eine Rückkehr zur weiblichen Kraft und zum weiblichen Prinzip meiner Meinung nach nicht möglich. Solange Männer nicht respektvoll die Weiblichkeit ehren, in jeder Frau und in sich selbst – kann es kein Gleichgewicht, keine Liebe und keinen Frieden geben.

Im Juni 2009 schickte mir Inaqiawa ihr Manuskript „Die Rückkehr des Weiblichen Prinzips – die stille Sehnsucht der Menschheit" und es war das erste Manuskript unter vielen, die mir zugesendet werden, von dem ich begeistert war. Ich hatte selbst schon einige Ansätze gemacht, über dieses Thema zu schreiben, weil es mir sehr am Herzen liegt, doch war ich weit davon entfernt, eine geeignete Form zu finden, in der ich dieses Thema entfalten konnte.

Es war für mich eine große Freude, zu erleben, dass sich diese Gedanken und Gefühle auch in anderen Menschen manifestieren und dass Inaqiawa eine so wunderbare Geschichte in Form eines Zukunftsromanes geschrieben hat, die genau das ausdrückt, was mir schon seit Jahren durch Herz und Hirn weht.

Seitdem ich an der Veröffentlichung des Buches arbeite begegnet mir das Thema überall, ich kann spüren, wie diese Bewusstwerdung sich ausbreitet und sehe es weltweit. Viele Initiativen und Bewegungen nennen es zwar nicht „Weibliches Prinzip" – sondern treten einfach für bestimmte Werte ein – die eine generelle neue Ausrichtung der Menschheitsentwicklung erfordern. Doch das, was als die NEUEN Werte beschrieben wird, sind genau die Aspekte, die wir dem Weiblichen Prinzip zuordnen. Verantwortungsvolles, achtsames und mitfühlendes Handeln in Bezug auf uns selbst, andere Menschen und unsere Umwelt, allgemeine Entschleunigung, die Stimme des Herzens fühlen und als Wegweiser anerkennen, unser Denken und Fühlen bewusst verbinden, und das, was wir tun, mit Liebe tun. Es werden weltweit viele Wege gezeigt, sich wieder tiefer mit anderen Menschen und ALLEM WAS IST zu verbinden, im Moment zu leben und nicht in der Vergangenheit oder Zukunft und doch verbunden damit zu sein...

Die Zeit ist reif, diese Werte in jedem einzelnen Menschen, egal ob

Mann oder Frau – neu zu verankern und uns zu erinnern, dass sie schon immer ein Teil von uns waren. Wenn wir in uns selbst, diese weiblichen Aspekte dem Männlichen Prinzip zur Seite stellen, dann können wir das neue Gleichgewicht auch auf die Welt übertragen.

Inaqiawa beschreibt in ihrem Roman, welcher in der nahen Zukunft von ca. 50 Jahren spielt, was geschehen wird, wenn wir uns wieder mit dem Weiblichen Prinzip verbinden. Die Geschichte führt uns in eine Zeit, in der das Gleichgewicht wiederhergestellt ist. Merlina, ein junges Mädchen bereitet sich auf einen Vortrag vor, den sie zum 50. Jahrestag der Erneuerung halten möchte und der einen Rückblick auf die Zeit davor, sowie die Zeit des Übergangs geben soll. Wir dürfen Merlina begleiten, in ihre Welt, ihr Leben und dabei sein, wenn sie Gespräche führt mit ihrer geliebten Großmutter und anderen Veteranen, die die Zeit vor der Erneuerung noch selbst erlebt haben. Die Beschreibungen, die die Menschen von der Vergangenheit machen, werden vielleicht auch Ihnen völlig absurd anmuten, man begreift es kaum, wie so ein Wahnsinn, so ein Unsinn möglich war – doch genau das, ist unsere jetzige Realität.

Wem also bisher noch nicht aufgefallen ist, dass hier etwas nicht stimmt auf unserem Planeten, der kann es nach dieser Lektüre nicht mehr leugnen.

Achtung! Warnung!

Die Selbstschutz-Taktik „Augen zu und durch, es lässt sich ja nichts ändern" kann durch das Lesen dieses Buches einen irreparablen Defekt bekommen. Lesen auf eigene Gefahr! Der Verlag und die Autorin übernehmen keine Haftung.

Auf dem Bildschirm erscheint die Erdkugel, es ist Zeit für die Nachrichten: Die Frauen des Ältestenrates geben bekannt, dass es gelungen ist, in den letzten fünfzig Jahren die Vision der Erneuerung umzusetzen und in diesem Jahr die letzten Krisengebiete zu befrieden. Dann wechselt das Bild auf eine blühende Landschaft. Der Kommentator erzählt, dass in den vergangenen Wochen die Restrukturierungsmaßnahmen im ehemaligen Sibirien und weiten Teilen der angrenzenden Gebiete abgeschlossen wurden und somit die letzten sichtbaren Schäden an der Natur in dieser Region beseitigt worden seien. Auf dem Bild sind zufriedene Menschen zu sehen, die stolz und mit einem Lächeln auf ihren Gesichtern ihr neues Zuhause in wunderschön gestalteten Lehmhäusern präsentieren, in denen sie gemeinschaftlich leben. Eine Statistik taucht auf und zeigt an, dass der Gesundheitszustand der Menschen weltweit stabilisiert ist. Der Global-Balance-Rat für Gerechtigkeit und Gleichgewicht tagt wieder in den größeren Städten, um den einzelnen Regionen noch mehr Unabhängigkeit und Selbständigkeit zu ermöglichen und die globale Verbundenheit zu fördern. Im Nachspann werden wie immer Bilder aus einer besonderen Region gezeigt, diesmal ist es das neue Küstenland Nordeuropas. Wie jeden Abend, bei dieser Bildfrequenz, ist im Hintergrund die wunderbare Musik zu hören, die die Worte der Erkenntnis begleitet.
Merlina stellt den Apparat ab und schaut zu ihrer Großmutter. Eine weise und stolze Frau in den Neunzigern. Sie stammt aus der letzten noch lebenden Generation derer, die mit ihren mutigen Taten die Weichenstellung vor fünfzig Jahren gewagt haben. Die Gefühle zu ihr sind warm und sehr herzlich. Es ist eine Mischung aus Bewunderung, Achtung und Respekt und einer großen Portion Dankbarkeit. Es sind nicht nur die Taten zur Zeit der Neustrukturierung, die Merlina so stolz auf ihre Großmutter sein lassen, Grandma war auch mit ihrer Lebensweisheit immer da, wenn sie sie brauchte. Ohne viel zu fragen, konnte sie bei ihr Unterschlupf finden und diese hörte ihr stundenlang zu, wenn sie neue Ideen hatte und dafür ein Auditorium brauchte. Viele Dinge, die sie mit ihrer Mutter nicht besprechen wollte, waren bei Grandma gut aufgehoben. Immer hatte sie ein wohlwollendes Wort und wann immer sie aus der Mitte zu geraten

schien, half ihr Grandma, zurückzufinden zur Ausgewogenheit und einem größeren Verständnis für die Entwicklung der Dinge. Die Liebe zu Ihrer Großmutter ist unerschütterlich.

Merlina kann sich die Umstände der damaligen Zeit nicht wirklich vorstellen. Mit ihren zwanzig Jahren gehört sie bereits zur dritten Generation, die das Weibliche Prinzip lebt und damit den Planeten von einer großen Katastrophe weg- und zur Erneuerung hingeführt hat. Die alten Zeiten sind nicht nur fünfzig Jahre entfernt, es liegen so große Entwicklungssprünge dazwischen, die mit einfachen Worten kaum zu beschreiben sind. Es war in der Tat eine Revolution in buchstäblich letzter Minute. In einem gefühlsmäßig kaum nachvollziehbaren Zusammenspiel zwischen Mensch und Naturgewalt ist aus dem mutigen Entschluss der Frauen und einer großen geologischen Katastrophe ein fruchtbares Chaos entstanden, welches die Menschheit vor die Entscheidung stellte, unterzugehen oder einen bis dahin noch nicht vorstellbaren Weg zu wählen, indem ein festgefahrenes System zum Zwecke der Balance abgelöst und auf den Kopf gestellt wurde. Dadurch wurde dem jahrtausendelangen Übergewicht des männlich linearen Denkens das Weibliche Prinzip entgegengestellt. Ein Kraftakt, der am Ende gelungen ist und den Fortbestand des Homo sapiens sicherte und diesen gleichzeitig auf eine höhere Ebene, in eine höhere Dimension, führte.

Merlina ist in diesem naturverbundenen, solidarischen und fördernden Gesellschaftsklima aufgewachsen und profitiert von den vielen Lernschritten der vorangegangenen Generationen. Für sie ist es selbstverständlich, eine Situation nicht aus ihrem persönlichen Muster des EGOs heraus zu betrachten, sondern adäquate Lösungen für gegebene Situationen zu finden. In ihrer Generation sind die Psychologischen Therapeuten nur noch für die Prophylaxe, für ein Lebenscoaching als Anleitung präsent. Von Kindesbeinen an lernte sie mit ihren Bedürfnissen umzugehen, ihre Gefühle auszudrücken und ebenso mit den Gefühlen anderer achtsam zu sein. Diese jungen Menschen dürfen sich ihren Sehnsüchten bedingungslos stellen, ohne Kritik dafür zu ernten. Herzensenergie ist allgegenwärtig und bestimmt das Miteinander. Psychohygiene hat bei ihnen den gleichen Stellenwert wie Zähneputzen. Die niedrige Geburtenrate, die durch das bewusste und gewollte Gebären von Kindern hervorgerufen ist, gibt ihnen gleichzeitig das nötige Selbstwertgefühl und eine stabile Charakterbildung. Das Bewusstsein eines Lebens ganz im

gegenwärtigen Augenblick hilft den jungen wie den älteren Menschen, präsent zu sein und wirklich zu leben und zu lieben. Anders als so viele Generationen in Jahrhunderten zuvor, haben sie sich einen Zustand der Sorglosigkeit und des Friedens erschaffen.
Der Druck früherer Zeiten ist geschwunden. Keine Jagd mehr nach Geld, keine Sorgen um Arbeitsplätze, kein Massensterben durch Kriege, Krankheiten und Gewalt. Keine Hungersnöte und keine Unterdrückung zerren mehr an ihren Kräften. Diese Generation kann ihre gesamte Energie für die Weiterentwicklung einsetzen und sich um die wesentlichen Dinge eines Menschenlebens kümmern: um inneres Wachstum und geistige Entwicklung.
„Großmutter Quiery, du weißt, dass ich für die Fünfzigjahrfeier einen Beitrag vorbereiten möchte?"
„Ja, Merlina, und ich freue mich sehr darüber. Es ist schön, zu erleben, wie groß dein Interesse an den Ursprüngen der Erneuerungsgeschichte ist."
Merlina weiß, dass Großmutter Quiery ihr gerne behilflich ist, die Vergangenheit besser zu verstehen. Viele Abende hat sie bereits zugehört, wenn diese davon erzählte.
Die Großmutter macht es sich in ihrem hohen Sessel bequem. Sie braucht eine Weile, um sich in die alten Zeiten zurückzuversetzen. Auch sie hat die Entwicklung vollzogen und ist es kaum mehr gewohnt, so intensiv in die Vergangenheit einzutauchen. Für sie ist ein Leben in der Gegenwart, immer im Augenblick zu sein, selbstverständlich geworden. Es erscheint ihr wie eine andere Welt... es ist eine andere Welt.
Sie war damals in den Vierzigern und vom Elend auf dem Planeten zermürbt. Ihr Gefühl sagte ihr, dass sie entweder daran verzweifeln würde oder sich mit aller Kraft für eine Veränderung einsetzen müsse. Je mehr sie sich mit dem Zustand der Erde beschäftigte, desto deutlicher wurde ihr, dass es nicht um eine marginale Veränderung gehen würde. Wenn dem Leid insgesamt ein Ende gesetzt werden sollte, dann würde es nur über etwas sehr Radikales verwirklicht werden können. Zu viele kluge und gutmeinende Köpfe beiderlei Geschlechts hatten seit Jahrzehnten um Verbesserungen gerungen und es lediglich zu marginalen Veränderungen gebracht. Das System war inhärent und ließ einfach keine wirkliche Erneuerung zu. Sie wunderte sich lange darüber, dass niemand das System als solches auf den Prüfstand stellte. Sie spürte und ahnte mit jeder Zelle ihres

Daseins, dass etwas Grundlegendes geschehen müsste, damit dem Leid so vieler Menschen und dem Traktat an der Natur ein Ende gesetzt werden könne.

Die Generation ihrer Enkelkinder ist herangewachsen und wird, ihres Empfindens nach, die Gesellschaft in eine weitere, noch höhere Dimension des Daseins führen und das Werk ihrer eigenen Generation weiter vervollkommnen. Vielleicht ist es deshalb von großer Wichtigkeit, noch einmal die Zusammenhänge zu benennen und die letzten Puzzlesteinchen aneinander zu fügen.

Merlina setzt sich zu Grandmas Füßen, die Arme um die Beine geschlungen, mit dem Rücken an die alte Kommode gelehnt, wartet sie auf die Schilderung.

„Ich erzähl Dir zuerst einmal etwas über das grundsätzliche Missverständnis und die Denkweise von damals, damit Du überhaupt nachvollziehen kannst, was den Zeitgeist ausmachte und was ich damit meine, dass das Männliche Prinzip das gesamte Denken und Handeln bestimmte. Heute wissen wir, dass die beiden Prinzipien des Weiblichen und des Männlichen komplementäre Systeme sind, die in ihrem Zusammenspiel Vollkommenheit entstehen lassen. Damals herrschte ein anderes Verständnis darüber. Die unterschiedlichen Eigenschaften wurden nicht als Ergänzung gesehen, sondern im Lichte des Konkurrenzgedankens gegeneinander ausgespielt. Der damalige Hang der Menschen, alles zu bewerten, brachte ein ‚besser' und ein ‚schlechter', ein ‚richtig' und ein ‚falsch' hervor. Es gab Unterscheidungen in wichtige und unwichtige Eigenschaften. Die sogenannt Wichtigen wurden in den Vordergrund gestellt und die sogenannt Unwichtigen wurden in ihrer Bedeutung abgewertet und unterdrückt. Da die Welt vom Männlichen Prinzip dominiert wurde, verwundert es wenig, dass es die Eigenschaften des Weiblichen Prinzips waren, die eine Abwertung erfuhren. Im Grunde war es so, dass es nur ein männlich geprägtes Denken gab und alles andere wurde daran gemessen, so als wäre das Männliche Prinzip das Richtige und das Weibliche Prinzip eine Abart davon.

Ich habe viele Vorträge gehalten, in denen ich immer wieder darauf hingewiesen habe, dass die Vollkommenheit nur durch ein perfektes Zusammenspiel aller Eigenschaften beider Prinzipien erlangt werden kann. Und dabei ging es mir in erster Linie darum, deutlich zu machen, dass es dabei um Prinzipien geht und nicht darum, dass eine Frau nur so und ein Mann nur anders sein darf.

Das Weibliche Prinzip ist nährend, bewahrend und empfangend. Es zeichnet sich durch seine Naturverbundenheit mit einem starken Verständnis für zyklische Prozesse aus. Es benötigt keine Machtstrukturen und künstliche Hierarchien, um gelebt zu werden. Solidarität und eine tiefe Verbindung mit ALLEM WAS IST waren den Menschen damals verloren gegangen. Auch das Weibliche Prinzip kennt Zerstörung, jedoch immer nur im Kontext des Rhythmus von Geburt und Tod, von Kommen und Vergehen. Es war nicht so, dass das Weibliche Prinzip ganz und gar vergessen war, doch durch die jahrhundertelange Abwertung dieser Eigenschaften fingen auch die Frauen an, das Männliche Prinzip in sich selbst zu stärken und in den Vordergrund zu stellen. So entstand eine Gesellschaft mit einem Unglück bringenden Ungleichgewicht. Die positiven Eigenschaften des Männlichen Prinzips, als Ergänzung zum Weiblichen, waren nicht länger positiv, sondern entarteten in ihrer Alleinherrschaft auf hochgradig neurotische Weise. Die Fähigkeit, zu beschützen, wurde in sinnlose Aggression verwandelt, die Gewalt in einem unerträglichen Ausmaß hervorbrachte. Die Zielstrebigkeit und Konzentration entartete in ein „immer schneller, immer mehr und immer größer", ohne jegliche Rücksicht auf Verluste. Ansporn und wetteifern verloren ihren ermutigenden Charakter und wurden zu einer verbissenen Konkurrenz, die mehr Verlierer hervorbrachte, als eine Gesellschaft vertragen konnte. Der Wunsch nach Sicherheit und Auskommen wurde zu einer Gier nach Profit. Materieller Besitz wurde zu einem Götzenbild.

Das ausschließlich lineare Denken des Männlichen Prinzips hatte verheerende Auswirkungen. Nicht nur der christliche Glaube hatte sich angemaßt, die Männer über die Frauen zu stellen. Seit Jahrtausenden herrschte die Meinung, dass Frauen sich dem Manne unterordnen sollten und mussten. Ich weiß, dass dies für deine Ohren absurd klingen muss, aber so war es. Dieses Ungleichgewicht war geprägt vom absoluten Denken nach vorne, in dem Macht, Unterdrückung, Ausbeutung, Feindschaft, Kampf und vor allem eine große Gier eine übergeordnete Rolle spielten. Jahrzehnte vor meiner Geburt war der Planet bereits in ein Chaos verfallen. Die Bodenschätze wurden hemmungslos geplündert, ohne einen Gedanken daran zu verschwenden, wie die nachfolgenden Generationen mit den hinterlassenen Schäden umgehen würden. Menschen wurden von ihrem Land vertrieben, nur um an die Bodenschätze zu gelangen. Im

Vordergrund stand nicht die Sinnhaftigkeit des Tuns, sondern ausschließlich die Möglichkeit, mit diesen Bodenschätzen ein Vermögen zu machen - es war reine Gier.

Sogar das Land, auf dem wir lebten, war in jemandes Besitz. Ja, meine liebe Merlina, das gab es wirklich und das war auch ein wesentlicher Grund, warum im Zeitverlauf eine Erneuerung stattfinden musste, aber das erzähle ich dir später. Auf jeden Fall gehörte also das fruchtbarste oder für Gebäude lukrativste Land Menschen, die darüber entscheiden konnten, wie es verwendet werden sollte. Bodenschätze waren eine Art Privatbesitz und dienten nicht dem Wohl der Allgemeinheit, sondern dem Wohl von Unternehmen und damit letztlich dem Wohl einiger sehr weniger Menschen. Damals setztest Du also deine Füße auf Eigentum anderer Menschen. Damals war das normal und es gab Grundstücksspekulationen, die dem Männlichen Prinzip als Spielplatz dienten. Wenn etwas begehrt war, so stiegen die Preise dafür ins Unermessliche. Die Menschen hatten den Planeten zu ihrem Privatbesitz erklärt und unter sich aufgeteilt. Eine bereits damals recht hohe technische Entwicklung hielt die Gattung des Menschen nicht davon ab, auf der sozialen Ebene immer stärker zu regridieren. Im Gegenteil, je weiter der technische Fortschritt voranging, desto mehr entfremdeten sich die Menschen von der Natur und ihrer Ganzheit. Ihnen ging das Gefühl verloren, ein Teil von allem zu sein. Je mehr sie sich separierten, desto einsamer wurden sie, was den leidvollen Kreislauf antrieb.

Die in Jahrmillionen entstandenen Bodenschätze waren in weniger als ein paar hundert Jahren fast völlig aufgebraucht und es gab Kriege um die Länder, in denen sie noch vorhanden waren. Diese Kriege lieferten für das lineare Denken ein weiteres Spielfeld: den nicht enden wollenden Drang, immer mehr und immer spezialisiertere Waffen zu entwickeln, zu erschaffen und auch zu benutzen. Das war ein unglaublich geldbringendes Geschäft. Und damit die Notwendigkeit glaubhaft gemacht werden konnte, wurden Gefühle wie Angst und Neid geschürt. Es wurden Feinde erschaffen, die es gar nicht gab. Nationen zerstörten ihre eigenen Bauwerke und töteten dabei Tausende von Menschen, nur um es einem vermeintlichen Feind anzulasten und die Legitimation für noch absurdere Gesetze zu produzieren und die Macht damit an sich zu reißen oder zu erhalten.

Kriege in den armen Ländern, die reich an Bodenschätzen waren, wurden von den Industrienationen angezettelt, denn alle Mächtigen hatten etwas davon: die Waffenlobby, die Banken, die Regierungen. Es waren absurde Zeiten. Der damals sogenannte technische Fortschritt wurde über alle Maßen gepriesen. Ein hoch neurotisches System schaute nur nach vorne und hinterließ auf seinem Weg Schäden in unvorstellbarem Ausmaß. So, wie es im Männlichen Prinzip vorgesehen ist, gab es nur Sieger oder Verlierer. Ein Miteinander war schwer vorstellbar und hätte das Wettrennen um die erste Position gefährdet. Es war sehr wichtig, dass man(n) zu den Ersten, zu den Siegern, gehörte. Und natürlich gab es sie auch, die Sieger. Es gab sogar Listen in Zeitungen darüber, wer in einem Jahr zu den 100 größten Siegern gehörte. Sogar eine Rangordnung wurde dazu veröffentlicht. Und verbunden war alles immer nur mit materiellem Reichtum, mit Vermögenswerten. Je mehr einer hatte, desto mehr „Sieger" war er. Das lineare Prinzip tat sich schwer mit dem Gedanken, dass an erster Stelle das Gemeinwohl stehen müsste. Ich hätte mir damals schon eine Liste gewünscht, in der die hundert sozialverträglichsten Menschen aufgelistet worden wären oder die Menschen, die in ihrer spirituellen Entwicklung für das Wohl des ganzen Planeten arbeiteten. Von denen gab es auch viele, doch sie wurden eher als Exoten und Spinner abgetan.

Das materielle System hinterließ viele Verlierer - sehr viele sogar. In erster Linie waren es auf der ganzen Welt die Frauen, Kinder und Alten. Völkergruppen, die an dem Wettrennen aus vielerlei Gründen nicht teilnehmen konnten, gehörten zu den größten Verlierern dieses Systems. Viele dieser Volksgruppen hatten in sehr alten Zeiten hoch entwickelte Kulturen. Ihr Wissen wurde vernichtet, ihre Kultur unterdrückt und ihre Lebensgrundlage zerstört.

Das lineare Denken hat es über viele Jahrhunderte geschafft, ganze Volksstämme auszurotten. Aber das begann viel, viel früher. In der Zeit des Umbruchs, der Erneuerung, wie wir es im Weiblichen Prinzip nennen, geriet dieser Planet zunehmend in eine sehr ernstzunehmende Krise.

Die Plünderung der Bodenschätze und Ressourcen hatte dazu geführt, dass große Landstriche verwüstet wurden. Erinnere dich an die Nachricht, die sie gerade über Sibirien brachten. Erst jetzt, mehr als fünfzig Jahre danach, haben wir die Schäden beseitigen können.

In vielen Ländern der Erde wurden unglaublich große Flächen an Waldgebieten gerodet, nur um darauf Rinder weiden zu lassen oder

Nahrungsmittel anzubauen, die dann der westlichen Welt als Energie zum Autofahren zugeführt wurde. Das perfide daran war, dass die Lebensmittel von hungernden und ausgebeuteten Menschen angebaut wurden. Als das damals so richtig an die Öffentlichkeit kam, wurde mir persönlich die ganze Perversion des Systems deutlich. Die Erdölförderung zerstörte ganze Landstriche. Die ärmeren Länder bauten Pipelines, um das Öl über Tausende von Kilometern zu transportieren. Dabei verseuchten leck gewordene Trassen nicht selten Quadratkilometer um Quadratkilometer von Landfläche und niemand kümmerte sich darum. Erforderlich wurde der hohe Verbrauch der Energie, weil es immer nur um Wachstum ging. Das Männliche Prinzip bezeichnete ein Innehalten oder sogar ein Zurückschrauben von Bedürfnissen als Rückschritt. Damals war es üblich, die Bevölkerung mit dem Schlagwort von der Gefahr des Arbeitsplatzverlustes zu erpressen. Es gab keine Grundsicherung für Menschen ohne Arbeit. Es gab so etwas wie ein Sozialgeld für die ganz Armen der westlichen Länder, aber das reichte bei den stetig, ja explosionsartig steigenden Lebenshaltungskosten nicht aus, um aus der Armut herauszukommen.

Es gab eine Zeit, da waren davon in unseren Industriestaaten nur einige Menschen der untersten sozialen Schicht betroffen. Doch dann betraf es plötzlich auch eine ganz andere Menschengruppe. Wir nannten sie „die Mittelschicht". Es waren gut ausgebildete Menschen, die zum großen Teil die Fünfzig bereits überschritten hatten und deren Erfahrungen auf dem schnelllebigen Arbeitsmarkt vermeintlich keinen Wert mehr darstellten. Es traf Menschen, die sich ein Häuschen gebaut hatten und dann plötzlich die steigenden Zinsen nicht mehr aufbringen konnten. Viele von ihnen mussten ihr Haus verkaufen, manche waren danach so hoch verschuldet, dass ihr sozialer Abstieg nicht mehr aufzuhalten war. Mit einem Mal kamen Menschen in diese Situation, die noch ein paar Jahre zuvor mit abwertendem Blick auf die sogenannten „Sozialhilfeempfänger" herabsahen. Nun gehörten auch sie dazu.

Und in der restlichen Welt waren die Armen zu dieser Zeit dann keine Ausnahme mehr, sondern die weltweit steigenden Lebensmittelpreise und die vielen Spekulationen rund um die Lebensmittelproduktion, machten Milliarden Menschen auf diesem Planeten zu hungernden Menschen. Mehr als ein Drittel der gesamten Weltbevölkerung hungerte!"

Quiery macht eine Pause. In ihr steigen alte Gefühle auf. Sie reibt sich die Augen und fährt sich mit den Händen durch das Haar. In diese unsägliche Vergangenheit wieder einzutauchen, kostet sie eine Menge Energie. Sie sieht die Kinder vor ihren Augen auftauchen, die ihr bei einem Besuch im afrikanischen Kongo mit großen hungrigen Augen begegnet sind. Kinder, die oft tagelang nichts zu Essen hatten, mit aufgedunsenen Bäuchen und ansonsten abgemagert bis auf die Knochen. Damals konnte sie ihre Tränen nicht zurückhalten. Das Wissen, dass es nicht nur ein paar Kinder waren, sondern dass ihre Zahl in die Milliarden ging, zerriss ihr das Herz. Den Anblick der hilflosen Mütter hat sie nie vergessen. Und jetzt wundert sie sich, dass trotz all der Jahre dazwischen die Gefühle in ihr noch so präsent sind. Sie wendet sich wieder Merlina zu.

„Es wurden immer mehr Menschen geboren, besonders in den nicht so weit entwickelten Ländern. Die Bevölkerungsexplosion nahm stetig zu. Dafür gab es verschiedene Gründe. Zum einen sicher die Unterdrückung der Frauen, die nicht alleine entscheiden durften, ob und wann sie Kinder gebären wollten. Zum anderen spielten auch die Religionen, insbesondere der Christliche Katholische Glaube, eine große Rolle. Damals wurde die Katholische Kirche von einem Mann in Frauenkleidern geführt, der als die Vertretung Gottes auf Erden angesehen wurde. Er lebte in einem eigenen Staat in Italien, dem sogenannten Vatikanstaat. Er verbot unter anderem die Geburtenkontrolle. So waren die Frauen in einem unüberwindlichen Zwiespalt gefangen, der aufgrund ihres Glaubens entstand. Und der christliche Glaube war weit verbreitet. Fast zwei Jahrtausende lang war diese Kirche unterwegs und hat viele Menschen in ihren Glauben gezwungen. Sie hatte den Tod von Millionen von Menschenleben zu verantworten und schwer daran zu tragen. Die Unterdrückung der Frauen wurde durch den unsäglichen Zustand des linearen Denkens aufrechterhalten.

Das Weibliche Prinzip war fast völlig aus den Entscheidungsprozessen verschwunden und so herrschten unkontrollierter technischer Fortschritt, Ausbeutung der Ressourcen, Zerstörung der Umwelt, Gewalt in all seinen Facetten, Spekulationen, Gier, Kriminalität, Korruption, Bevölkerungsexplosion, Nahrungsmittelverknappung und -verteuerung, Armut und Hunger. All dies trieb den Planeten in den Ruin.

Und als wäre das immer noch nicht ausreichend, gab es noch einen weiteren Spuk in diesem Gruselkabinett. Irgendwann kam irgendjemand auf eine Idee und nannte sie: Globalisierung. Dieses Wort und vor allem dessen konsequent betriebene Umsetzung allein unter dem Aspekt des „immer mehr und immer schneller" wurde zu einem Schreckgespenst und zog sich wie ein Spinnennetz über den ganzen Planeten. Die Globalisierung wurde zu einem gigantischen Machtapparat. Einige wenige dominierten in dieser Zeit die Wirtschaft und Milliarden von Menschen. Die Sieger dieses schrecklichen Spiels wurden immer weniger und die Anzahl der Verlierer auf der anderen Seite immer größer. Dabei ist gegen eine positive Form der Globalisierung nichts einzuwenden. Mit den Eigenschaften des Weiblichen Prinzips hätte eine Globalisierung zur Lösung der dringendsten Probleme der damaligen Zeit beitragen können. Mit vereinten Kräften wären wir auch damals schon imstande gewesen, Hunger und Leid zu lindern. Globalisierung als Mittel, die Menschen darauf hinzuweisen, dass wir nicht getrennt voneinander sind und auch nicht so tun können, als ginge uns das Schicksal eines anderen Menschen oder Volkes nichts an - in einem solchen Sinne wäre Globalisierung ein Segen gewesen. Aber wie uns die Geschichte lehrt, brauchten die Menschen erst noch ein größeres Drama. Der Globalisierungsgedanke der alten Zeit war ein weiterer Beweis dafür, dass die Menschen sich in einer Art kollektivem Selbstbetrug befanden und einfach glaubten, was die Medien ihnen damals weismachen wollten.

Es mag paradox klingen, aber das wachsende Ausmaß der sich anbahnenden Katastrophe wurde für mich immer willkommener. Ich stand in der Mitte meines Lebens und war immer noch sehr risikobereit. Ich habe bereits in diesen Jahren fest daran geglaubt, dass alles Geschehen in der Welt seine Ordnung und Richtigkeit hat und dass das, was damals wie eine anbahnende Apokalypse aussah, sich dennoch wie eine Chance präsentieren würde.

Die Vorherrschaft des Männlichen Prinzips hatte den Planeten ins Chaos gestürzt und mit einer sanften Methode hätten wir die Welt niemals aus dem Dilemma befreien können. Eine Veränderung war nicht mehr mit ein bisschen Protest zu erreichen. Deshalb war die Zuspitzung - so katastrophal sie auch war - sehr nützlich und im Nachhinein betrachtet, eine grandiose Chance.

Meine Großmutter hatte hundert Jahre zuvor bereits für die Frauen gekämpft. Dafür, dass Frauen Schulen besuchen dürfen, dass sie zum Studium zugelassen werden und dafür, dass sie nicht nur in der Ehe unter der Herrschaft eines Mannes eine Lebensberechtigung haben. Und später dann, die Generation meiner Mutter, kämpfte für so etwas wie Gleichberechtigung. Und ja, es wurden marginale Erfolge verbucht, aber am Kern des Ganzen wurde nicht gekratzt. Der wurde nicht in Frage gestellt: die Alleinherrschaft des linearen Denkens des Männlichen Prinzips als solches!

In meinen Dreißigern ging es schon nicht mehr darum, dass Frauen die gleiche Arbeit machen durften wie Männer und dafür genauso viel Geld verdienen sollten, dass auch sie Karriere machen und über sich selber bestimmen durften. Ganz langsam wuchs in einigen von uns die Gewissheit, dass es um das Prinzip, um das System als solches, ging. Der Zug, auf dem wir saßen, fuhr symbolisch mit einer rasanten Geschwindigkeit auf eine Mauer zu und wir wollten uns nicht mehr darüber unterhalten, wie beim Aufprall der Schaden minimiert werden könnte. Wir gaben uns nicht mehr damit zufrieden, darüber zu diskutieren, welche Umstände dazu geführt hatten und schon gar nicht, dass wir diesen Zug weiterfahren lassen müssten, weil einige ihren Fahrpreis bereits entrichtet hatten und andere wiederum unbedingt zur Mauer wollten. Eine kleine, aber ständig wachsende Gruppe von Frauen und übrigens auch Männern, spürte intuitiv, dass ein anderes System gebraucht wurde. Eines, welches den Zug anhalten und den Passagieren eine lebenswertere Perspektive geben würde. Das lineare Prinzip hatte sich in seiner Monopolstellung über die Jahrtausende selbst ad absurdum geführt und war auf dem Weg, den Bankrott zu erklären. Nicht, dass es in dieser Form laut ausgesprochen wurde, aber geahnt haben es sehr viele. Nicht zuletzt auch einige der damaligen „Gewinner". Und doch dauerte es noch eine Zeit, denn dieses Männliche Prinzip ist in seiner Art inhärent und nährt sich aus sich selbst heraus - das hatten die vielen Bemühungen der Frauen vor uns bewiesen.

Was wirklich zur Erneuerung führte, war die gute Vorbereitung dieser wachsenden Gruppe und ein Mix aus den jahrhundertelang verursachten Tragödien, die zu einem bestimmten Zeitpunkt kulminierten.

Eines dieser Ereignisse entstand durch die Klimakatastrophe. Die Pole schmolzen schneller, als jede veröffentlichte Berechnung es vorausgesagt hatte und ganze Küstenregionen der Kontinente verschwanden einfach im Wasser. Dazu kam ein vermehrtes Auftreten von verwüstenden Stürmen und Überschwemmungen durch ungekannt starke Regenfälle in Gebieten, in denen es früher kaum regnete. Ein zweites, zeitgleiches Ereignis war der Zusammenbruch der Luftblase „globale Wirtschaft". Korruption, Spekulationen und ein unglaubliches Ausmaß an Geldgier ließen die fiktiven Zahlen in den Banken und in der Folge davon die gesamte Weltwirtschaft zusammenbrechen. Ausgangspunkt waren die Börsen, ein absoluter Spielplatz des Männlichen Prinzips, ein künstlich aufgeblasenes Gebilde von Zahlen und heißer Luft.

Vorausgegangen war die Erhöhung der Lebensmittelpreise für Grundnahrungsmittel, so dass sich mehr als ein Drittel der gesamten Erdbevölkerung nicht einmal mehr das Notwendigste leisten konnte und der Hunger auf unserem Planeten ein kaum vorstellbares Ausmaß annahm. Nun gab es Milliarden Menschen auf dem Globus, die nichts mehr zu verlieren hatten und im Schatten ihrer Verzweiflung wuchs ihr Mut. Und so standen sie auf und gingen auf die Straßen, für sie war die imaginäre Mauer bereits erreicht.

Dann ging alles sehr schnell. Das Internet half unserer Gruppe bei der Verbreitung unserer Idee. Die Grundidee war sehr einfach und äußerst wirkungsvoll: die Frauen auf dem ganzen Planeten verweigern sich, dem Männlichen Prinzip weiter zu folgen und Punkt! ... mehr nicht! Aber dies konsequent.

Wir riefen die Frauen auf, sich zusammenzuschließen, ihre Kinder mitzunehmen und ihre Männer zu verlassen. Sie sollten sich in der Öffentlichkeit treffen, um innere Stärke zu entwickeln und sich gegenseitig zu unterstützen. Und wir forderten sie auf, dies über einen langen Zeitraum durchzuhalten, denn es würde in diesem Chaos Monate, wenn nicht Jahre dauern, bis alle Winkel des Planeten erreicht würden. Wir rechneten natürlich mit dem Widerstand der Männer. Aber das war gar nicht unser größtes Problem.

Zwei viel größere Probleme ergaben sich aus den Frauen selbst. Viele Frauen erinnerten sich zum einen nicht mehr, wie sie das Weibliche Prinzip leben sollten und welche Vorteile es für sie hatte und zum anderen gab es Millionen und Abermillionen von Frauen, die in ihrer Sozialisation bereits über Generationen das Männliche Prinzip selber lebten und es zu einer Art von Pseudo-Gleichberechtigung gemacht hatten, um mithalten zu können - um in dieser vom Männlichen Prinzip beherrschten Welt überhaupt eine Chance zu haben. Zudem gab es viele Frauen, die sich in ihrer anerzogenen Rolle mitsamt der

Unterdrückung sogar vermeintlich wohlfühlten.
Das Chaos hat fünf Jahre gedauert, fünf lange Jahre! Was wir damals noch nicht ahnten, war die geologische Katastrophe, die - so erschien es uns - uns zur Hilfe kam. Es herrschte absolute Orientierungslosigkeit und noch einmal blitzten alle negativen Eigenschaften des Männlichen Prinzips auf: Habgier, Selbstsucht, Zerstörung. Jedoch viele Frauen hatten schnell begriffen, dass nicht mehr sie die Schwachen in diesem entstandenen Prozess waren, sondern der Großteil ihrer zurückgelassenen Männer. Die natürliche Kooperation des Weiblichen Prinzips und dessen unumstößlicher Wille zum Aufbau einer neuen, tauglicheren Gesellschaftsform half vielen Menschen in dieser Zeit. Die Menschen lernten ebenfalls sehr schnell, worin die Qualität des Weiblichen Prinzips bestand, und dass trotz einiger Grenzen das System tauglicher für den Fortbestand dieser Welt, der Natur und dem darin enthaltenen Menschen, war. Die erneuerungswilligen Menschen verstanden diesen Umschwung als das Ausschlagen des gelösten Pendels in die andere Richtung. Es war ihnen klar, dass das Pendel eine ungewisse Zeit lang extrem in der anderen Stellung verharren musste, um eine Balance zu erschaffen und sich erst danach im mittleren Feld einpendeln würde."
Großmutters Begeisterung für diese Zeit schwingt deutlich in ihrer Stimme mit. Noch einmal wird ihr bewusst, welche großen Anstrengungen damit verbunden waren und was für eine ungeheure Umwälzung es für den gesamten Planeten bedeutet hatte.
„Die Uhr konnte sprichwörtlich in die entgegengesetzte Richtung laufen. Es war die Chance, um Schäden zu reparieren und um größere zu verhindern. Es war eine Chance, der Natur für eine Regeneration Zeit zu lassen und den bedrohten Tierarten eine Erholungspause zu verschaffen. Ob es je gelingen würde, war zu dem Zeitpunkt nicht absehbar, auch wenn wir es uns alle erhofften. Alle Besitzstandswahrer, alle Bedenkenträger und vor allem die Fantasielosen und Ängstlichen stimmten immer wieder das selbe Lied an, es könne so doch gar nicht funktionieren, es würde niemals klappen. Immer und immer wieder versuchte ich, diese Menschen mit ihren eigenen Bedenken zu konfrontieren und ihnen aufzuzeigen, welches psychologische System dahintersteckte. Vor allem diese Gespräche waren eine sehr mühevolle und manchmal auch entmutigende Aufgabe."
Grandma schaut aus ihren Gedanken auf und richtet ihren Blick auf Merlina. Auch sie war für einen Moment mit ihren Gedanken

spazieren gegangen. Merlina bewundert ihre Großmutter dafür, dass sie so aktiv war und immer noch ist und dass sie eine derer ist, die den Zug aufgehalten und zur Umkehr gezwungen haben.
Inzwischen ist es spät geworden und obwohl Merlina noch so viel mehr wissen möchte, sieht sie ein, dass es für heute genug ist.
„Das war bestimmt eine sehr schwere Zeit, oder?"
„Ja, Merlina, das war sie wohl, und das Wort ‚schwer' reicht allein für die Beschreibung dieser Zeit nicht aus. Sie war gefährlich, sie war äußerst anstrengend und sie hat uns alle an unsere Grenzen geführt. Es war derzeit oftmals entmutigend und andererseits auch ebenso ermutigend. Die Zeit war entbehrungsreich im materiellen Sinne und gleichzeitig so bereichernd in Bezug auf das Gemeinschaftsdenken und den Zusammenhalt. Umbruchzeiten beinhalten immer gleichzeitig das scheidende Alte und das kommende Neue und haben deshalb einen sehr chaotischen Charakter. Wenn jedoch das Chaos auf dem Höhepunkt ist, entsteht daraus ein Klima für Veränderung und das nutzten wir. Schau dir die Welt an, in der du heute lebst. Wir können mit der Entwicklung wirklich zufrieden sein. Und jetzt, meine Liebe, ist es Zeit für mich, mich zurückzuziehen. Lass uns morgen weiterreden, ja?"
„Ja, gerne, Grandma. Ich danke dir sehr und ich liebe dich für alles, was du bist und für mich und meine Generation geleistet hast. Bis morgen. Schlafe gut!"

Merlina schlief in dieser Nacht nicht viel. Die Worte ihrer Großmutter kreisten in ihrem Kopf und riefen vage Bilder hervor. Im Halbschlaf war es ihr, als würde sie sich inmitten dieser wirren Zeiten bewegen und sie erlebte Gefühle, die ihr so völlig fremd waren, wie Angst, Verzweiflung und Frustration. Es war kein Traum. Es war eher wie eine Zeitverschiebung, in der sie körperlich in die Situation der damaligen Zeit eintauchte.

Am Morgen genoss Merlina dann die Morgenmeditation alleine in ihrem Zimmer und ging nicht mit den anderen der Familiengemeinschaft in den Garten. Jetzt sitzt sie auf der großen Veranda in einem Lehnstuhl. Die Fersen auf dem Sitz bis an den Po gezogen, die Arme um ihre Beine geschlungen und das Kinn auf den Knien. Das ist die Position, in der sie den ganzen Tag verbringen könnte. Die Luft ist vom Duft der Rosen erfüllt und der Geruch von Kaffee und frisch gebackenem Brot zieht an ihr vorüber. Sie liebt diesen Platz am frühen Spätsommermorgen. Es ist sehr friedlich. Das Zwitschern der Vögel in den Büschen ringsherum und die leise Musik aus dem Wohnraum begleiten ihre Gedanken. Irgend jemand hat jahrhundertealte Musik angestellt. Diese ist ihr genau so vertraut, wie die klassische indische Musik, obwohl es zwei völlig verschiedene Schwingungswelten sind.

Seit ihrer Kindertage hat die Familie Wert darauf gelegt, sie mit den verschiedenen Schwingungsmustern der Musik bekannt zu machen und ihr die Kraft und die Macht der Melodien und Gesänge zu erklären, damit sie diese für ihr Wohlbefinden und ihre Gesundheit einsetzen kann. Still sitzt sie da und wartet auf die anderen, die gleich aus der Meditationsecke des Gartens zum Frühstück kommen werden.

Ihr Blick streift den linken Flügel des ziemlich großen Atriumgebäudes. Dort ist sie geboren und dort lebt sie jetzt auch seit einigen Jahren in ihrem eigenen Bereich. Diese große, vielfältige Familie ist ihr sehr wichtig, sie gibt ihr Sicherheit, Geborgenheit und Inspiration. Es ist eine Lebensgemeinschaft aus ungefähr dreißig Personen. Das variiert von Zeit zu Zeit. Manchmal wechselt jemand in eine andere Familie und es geschieht auch, dass andere Menschen hinzukommen, um eine Zeit lang hier zu leben. Ihre Familie besteht nicht nur aus Blutsverwandten und angeheirateten Personen, sondern auch aus vielen Freunden, die sich entschlossen haben, für ein paar Jahre in diesem Umfeld zu leben. Entweder, weil sie mit jemandem befreundet sind oder weil sie mit einem Mitglied der Gemeinschaft zusammenleben. Wie in jeder anderen Familie auch, gibt es in ihrer Wohngemeinschaft viel mehr Frauen als Männer. Viele Männer leben auch heute noch, nach fünfzig Jahren der Rückkehr des Weiblichen Prinzips, in den Männerdomänen.

Gerade, als sie weiter darüber nachdenken möchte, hört sie die gut gelaunten Stimmen der anderen und wenig später sitzen alle um den großen Tisch herum. Merlina entdeckt ein lieb gewordenes Gesicht neben ihrer Großmutter. Es ist Jakob, ein Herzensfreund von Quiery, der heute Morgen zu Besuch gekommen ist. Er ist ein bisschen jünger als ihre Großmutter, hat strahlend blaue Augen und schneeweißes, dichtes Haar. Seine Warmherzigkeit und sein Charme machen ihn zu einem ausgesprochen liebenswerten Mann. Er trägt luftige Sommerkleidung und Merlina kann sehen, dass sein Körper immer noch gut in Form ist. Er wirkt vital und sehr gesund.

„Hallo, Jakob. Wie schön, dich zu sehen. Das ist ja eine Überraschung." Merlina macht eine kurze Pause bis er sich gesetzt hat und reicht ihm das Brot. „Jakob? Würdest du mir einen Gefallen bereiten und mir etwas von damals erzählen? Ich wüsste so gerne, wie du die Zeit der Erneuerung als Mann erlebt hast."

„Hallo, guten Morgen, Merlina. Du wirst immer hübscher - von Jahr zu Jahr. Woher rührt dein Interesse? Hat es etwas mit der Feier zu tun?"

Merlina schmunzelt innerlich über Jakobs Bemerkung. Er ist ein liebenswürdiger Mann und er denkt wie ein Mann aus seiner Generation eben immer noch denkt: dass es wichtig und richtig sei, Frauen Komplimente zu machen und ihre Schönheit herauszustellen. Ein Relikt der alten Zeit, in der Schönheit und Jugend für Frauen eine große Rolle, wenn nicht die wichtigste überhaupt, spielten.

„Ja. Grandma Quiery hat gestern noch einmal die Situation der Umbruchszeit geschildert und ich habe den Eindruck, dass die Veränderungen so radikal und so grundsätzlich waren, dass ich noch viele Gespräche führen werde, um überhaupt einen Überblick zu erhalten. Das alles kommt mir vor wie aus einer anderen Welt. Es fällt mir schwer, zu glauben, dass wir immer noch auf dem selben Planeten leben."

Jakob blinzelt ihr zu: „Das kann ich mir vorstellen. Manchmal kann ich es selber kaum glauben, dass innerhalb eines einzigen Menschenlebens so viel geschehen konnte. Aber es kann! Vielleicht mögen wir nach dem Frühstück gleich hier sitzen bleiben? Es ist so ein schöner Ort und das Wetter lädt uns ein!"
„Ja, das wäre wunderbar." Merlina genießt die wohlige Wärme des Bechers in ihrer Hand und schaut in die Runde. Ihr Blick bleibt an den Zwillingen Marta und Jo hängen. Mit ihren drei Jahren sind sie der Nachwuchs der Kernfamilie und die jüngsten in der Runde. Merlina erhascht einen Blick von Jo, der sofort gespürt hat, dass sie ihn beobachtet. Er lächelt sie an. Sein Mund lächelt und es sind vor allem seine Augen, die lächeln. Diese Augen, die den Ausdruck eines lebenserfahrenen Menschen haben. Bei den beiden ist sehr eindrucksvoll zu sehen, dass in dieser Generation viele weise Seelen reinkarnieren, um den spirituellen Prozess zu beschleunigen. Gerade in den letzten zehn Jahren hat Merlina viele Berichte und Schilderungen gelesen, die darauf hinweisen, dass eine nächste Entwicklungsstufe kurz bevor steht.
Die Gruppe um den Frühstückstisch herum löst sich langsam auf und nach einer kleinen Weile bleibt Merlina mit Jakob alleine auf der Veranda zurück. Sie schaut mit neugierigen Augen zu ihm, und er scheint sich über ihr Interesse wirklich zu freuen, denn er lässt sich nicht lange bitten, sondern legt sofort los.
„Du weißt ja schon einiges aus der Sicht deiner Großmutter über die Umstände, die in der Zeit herrschten. Ich war damals Mitte dreißig und hatte gerade mein Studium als Investmentbanker abgeschlossen. Ich arbeitete erst zwei Jahre in diesem Beruf, als die große Bankenkrise begann. Es fing mit der Insolvenz einiger Banken an und aufgrund der globalen Verstrickungen, die diese Zeit beherrschen, waren ganz schnell auch noch viele andere Banken involviert. Erst sah es nicht so schlecht aus, weil die Regierungen mit unglaublich hohen Geldbeträgen das Schlimmste verhindern wollten. Doch nach und nach wurde deutlich, dass im Hintergrund Korruption und ein immenses Maß an Unverantwortlichkeit eine große Rolle spielten. Und wie wir später erfuhren, war die Krise sogar gelenkt und von einigen wenigen geschickt herbeigeführt worden. Ich gab es damals nicht gerne zu, aber viele der Entscheidungsträger der Banken und Konzerne haben sich wie große Jungen benommen, die ein virtuelles Monopoly spielten, und gar nicht merkten, dass sie wie Marionetten

an den Fäden der Drahtzieher hingen. Aus heutiger Sicht, nach so vielen Jahrzehnten und vor allem nach den bahnbrechenden Veränderungen, die das Weibliche Prinzip unserem Planeten geschenkt hat, war es ein verantwortungsloser Kindergarten, der denen half, die die Geschicke der Erde lenken wollten." Die Ironie in seiner Stimme war unüberhörbar, aber es schwang auch Traurigkeit mit.

„Diese Bankenkrise war der Beginn einer Weltwirtschaftskrise, die dann mit vielen anderen Faktoren zusammen die Frauen aussteigen ließ. Du kannst dir das nicht vorstellen. Die Frauen protestierten nicht. Sie stiegen einfach aus dem Gesellschaftssystem aus. Sie stiegen aus und stellten sich dem nicht mehr zur Verfügung. Das war unglaublich. Sie gingen in die Öffentlichkeit, aber nicht, um zu demonstrieren, sondern um sich zu besprechen und eine Lösung herbeizuführen. Viele verließen ihre Männer und zogen mit den Kindern und Alten zu bekannten Frauen oder Freundinnen, die genügend Wohnraum besaßen.

Am Anfang gab es viele, die darüber schmunzelten und das waren bei Gott nicht nur Männer. Es gab viele Frauen, die das nicht verstanden, weil es ihre Vorstellungskraft überstieg. Außer den ersten Frauen dieser Bewegung glaubte niemand so richtig daran, dass dieser Ausstieg etwas bewirken könnte. Die meisten rechneten damit, dass nach ein paar Tagen alles wieder beim Alten sein würde. Doch die Frauen hielten durch, sie konnten nur gewinnen und gemeinsam wurden sie zu einer schier unbeschreiblichen Kraft. Das spürten viele und nach kurzer Zeit schlossen sich immer mehr Zweifelnde an. Und alle miteinander bemühten sich, ihren Standpunkt klar zu machen.

Damals gab es anlässlich der vielen Kriege, die auf der Erde geführt wurden, einen Spruch, der lautete: „Stell dir vor, es ist Krieg und niemand geht hin".

So verhielten sich die Frauen der ersten Stunde. Sie sagten: Stellt euch vor, das Männliche Prinzip zerstört die Zukunft unserer Kinder und wir machen einfach nicht mehr mit!

Es war nicht so, dass sie nur ihre Männer verlassen hatten. Sie verweigerten sich dem System komplett. Das heißt, sie erfüllten auch die ihnen zugeteilten Aufgaben in der Gesellschaft nicht mehr. Und sie hielten durch. Nach ein paar Wochen, ich glaube es dauerte nur drei oder vier Wochen und die Anzahl derer, die sich verweigerten, erreichte die kritische Masse.

Danach brach das soziale Leben außerhalb dieser neuen Frauengemeinschaften zusammen. Zum ersten Mal wurde eine wesentliche Eigenschaft des Weiblichen Prinzips deutlich. Die Frauen brauchten keine Institutionen, um sich zu organisieren. Sie brauchten keine Rädelsführerinnen und keine künstlichen Hierarchien. Kleine Gruppen taten sich zusammen und sorgten für die notwendigen Lebensbedingungen. Die Solidarität des Weiblichen Prinzips überzeugte damals gerade in den ersten Wochen auch eine ganze Reihe von Männern. Vor allem Männer, die es leid waren, zu kämpfen. Es gab so unendlich viele Männer, die eine ausgeprägte Sehnsucht nach Solidarität, Gewaltfreiheit und Harmonie hatten. Sie alle schlossen sich den Frauen an und waren bei ihnen willkommen. Zwar drohten Wirtschaft und Kommunikationsmedien zusammenzubrechen, doch das Internet funktionierte noch eine ganze Zeit lang und so gingen die Nachrichten quer über den Planeten hin und her und wir merkten, dass die Aufrufe gehört wurden und dass es sich nicht um eine lokale Angelegenheit handelte. Aus allen Teilen der Welt, von jedem Kontinent, wurde Ähnliches gemeldet.

Ich lernte gleich in den ersten Wochen deine Großmutter kennen. Wir haben nächtelang in Gruppen zusammengesessen und darüber gesprochen, was nun geschehen müsse und wie die Veränderungen aussehen sollten, damit unser Planet noch eine Chance zum Überleben haben könne. Deine Großmutter hatte sehr konkrete Vorstellungen und sie waren wirklich weit weg von dem, was für die meisten von uns vorstellbar war. Sie stellte vieles auf den Kopf und sagte immer wieder, dass das lineare Denken des Männlichen Prinzips nun viele tausend Jahre lang bewiesen hätte, dass es in einer Alleinherrschaft nicht dem Wohle des Planeten dienen könne. Um wirklich effektiv und gemeinschaftsfördernd wirken zu können, brauche es die Ergänzung des Weiblichen Prinzips. Doch bevor nicht die angerichteten Schäden der Jahrtausende behoben seien, müsse das Weibliche Prinzip den Wiederaufbau in die Hand nehmen und erst danach könne sich eine Balance der Prinzipien einstellen. Das bedeutete in ihrem Denken, dass in der Zeit des Wiederaufbaus des Planeten Entscheidungen ausschließlich vom Weiblichen Prinzip getroffen werden dürften. Für sie war der Zeitpunkt zur Umkehr gekommen. Was der Planet damals brauchte, waren die Eigenschaften des Weiblichen Prinzips. Neben der Solidarität auch die Hinwendung zur Natur und Gewaltfreiheit. Es war schon eine Art von Revolte gegen die entarteten Formen des Männlichen Prinzips, doch es ging

ihr nicht darum, gegen etwas zu sein, sondern darum, für etwas anderes zu stehen. Die Frauen und die Männer, die sich ihr angeschlossen hatten, besaßen klare Vorstellungen. Als erstes wurden weltweit Geld und Besitz abgeschafft. Es entstand eine neue Währung, die zu einer Grundhaltung wurde: der Beitrag zur Gemeinschaft.
Damit waren ein paar Grundvoraussetzungen auf Null gebracht, die ein neues System ermöglichen würden. Als zweites wurden alle Gesetze abgeschafft und durch drei neue ersetzt. Aus dem Gesetz, dass die Würde des Menschen unantastbar sei, machten wir: Die Würde der Natur ist unantastbar. Das war der Schritt weg von der Ausbeutung des Planeten und seiner Ressourcen und er machte deutlich, dass der Mensch nur ein Teil der Natur ist und sich nicht über einen anderen Teil erheben darf.
Um auch trotz des Wegfalls tausender Gesetze Grenzen setzen zu können, wurde eine innere Haltung gefordert, die besagte, dass alle Handlungen, die einem anderen Schaden zufügen, zu unterlassen seien. Dies galt nicht nur für Menschen, sondern betraf die gesamte Wesenheit auf dem Planeten, also Tiere, Pflanzen und geologische Gegebenheiten. Das dritte Gesetz sah vor, dass jeder nur so viel nehmen durfte, wie er der Gemeinschaft auch wieder in irgendeiner Form zurückgeben konnte und wollte. Damit wurde jegliches Anhäufen und ein Leben auf Vorrat verhindert. Das kosmische Gesetz des ausgewogenen Gebens und Nehmens wurde wiederhergestellt.
Ein wichtiger Schritt sollte auch die Abschaffung sämtlicher Waffen werden. Gewaltfreiheit stand ganz oben auf der Forderungsliste der neuen Bewegung, deshalb waren Waffen verzichtbar.
Ich kann mich noch gut daran erinnern, wie die Reaktionen darauf waren. Viele träumten genau von diesen Zuständen, aber kaum jemand konnte sich vorstellen, dass es funktionieren würde. Und die Bedenkenträger waren überall zu hören. Ich bewunderte schon damals deine Großmutter dafür, wie sie mit all diesen Widerständen umging. Sie war geduldig und verständnisvoll auf der einen Seite und auf der anderen unbeirrbar und auch unermüdlich, immer wieder darauf hinzuweisen, dass wir die alten Denkstrukturen aufgeben und auflösen müssten, wenn wir wirklich eine Umkehr bewirken wollten.
Mit alten Denkstrukturen waren vielleicht ein paar Änderungen zu bewerkstelligen, aber das wäre nur ein bisschen weniger von dem einen und ein bisschen mehr von dem anderen und doch immer noch

vom selben gewesen. ‚Die Erde braucht uns jetzt - unsere Kinder brauchen uns jetzt', das waren ihre meist gebrauchten Worte. Und es war ihr sehr wichtig, immer wieder darauf hinzuweisen, dass es nicht darum ging, gegen etwas, sondern für etwas Neues zu sein. Während viele immer noch nach einer genauen Definition des Weiblichen Prinzips fragten, wurde es für andere an den Handlungen der Frauen und inzwischen auch an den Handlungen unzähliger Männer deutlich. Sie spürten, dass die Solidarität eine der Haupteigenschaftenen war und es um Achtung vor der Natur ging. Im Zeitverlauf wurde dann schnell noch ein weiterer Aspekt sichtbar. Die Gruppe, die sich für die Rückkehr des Weiblichen Prinzips einsetzte, kämpfte nicht dafür, es gab keine Überredungsarbeit und es gab keinen Kampf. Die Gruppe lebte dieses Prinzip aus sich heraus, ohne gegen etwas anderes zu kämpfen. Das machte es den Gegnern schwer, weil sie in ihrem Kopf einen vermeintlichen Feind brauchten, der aber stand für einen Kampf nicht zur Verfügung.

Für mich war es damals ein einschneidendes Erlebnis, nicht zu kämpfen. Ich war zum Kämpfen erzogen worden. Mein Vater stand schon am frühen Morgen vom Frühstückstisch auf und sagte: ‚Auf in den Kampf, wollen wir doch mal sehen, wen wir heute besiegen werden.' Auch wenn es schon so viele Jahrzehnte her ist, ich kann mich noch sehr gut an den inneren Druck erinnern, dem er und ich und mit uns so viele andere Männer ausgesetzt waren. Das Männliche Prinzip hat, solange es regierte, gerade auch unter uns Männern eine große Anzahl von Opfern gefordert. Viele Männer sind daran zugrunde gegangen. Dazu fällt mir ein, dass gerade im Jahrzehnt vor dem Umbruch die Homosexualität auf ihrem offensichtlichen Höhepunkt zu sein schien. Es war gerade von vielen Regierungen erlaubt worden, dass auch homosexuelle Paare heiraten durften. Damals zeichnete sich bereits ab, dass es auch im Lager der Männer großes Widerstandspotential gegen das Männliche Prinzip gab, ohne dass es ausgesprochen wurde, vielleicht nicht einmal als solches bewusst war.

Wenn ich mich richtig erinnere, dann hat es ungefähr ein Jahr gedauert, bis klar zu erkennen war, wer sich der Rückkehr des Weiblichen Prinzips angeschlossen hatte und wer nicht. Und es stellte sich heraus, dass die Gruppe der Widersacher nicht so groß war, wie ursprünglich angenommen wurde. Es waren darunter in erster Linie die, die durch den neuen Gedanken, ihren Besitz zu verlieren, Panik bekamen. Aber zu der Zeit war es auf unserem Planeten ohnehin nur eine anzahlmäßig sehr kleine, wenn auch mächtige Gruppe von Männern, die außergewöhnlich reich waren und große Ländereien besaßen. Und natürlich gehörten auch die dazu, welche die Macht nicht aus den Händen geben wollten. Die Aussicht, in einer Gesellschaft zu leben, in der nicht Macht und damit gleichbedeutend ihre Person, an erster Stelle stehen würde, war für sie undenkbar. Wofür hatten sie dann ihr Leben lang gekämpft? Und es gab noch eine sehr viel gefährlichere Gruppe, das waren die Anführer der immer stärker werdenden organisierten Kriminalität. Eine echte Domäne der Männer, auch wenn sich vereinzelt Frauen unter ihnen bewegten.

Nach diesem ersten Jahr sah es so aus, als würden sich zwei Gesellschaftsformen nebeneinander entwickeln und so ist es eine gewisse Zeit lang tatsächlich auch gewesen. Das hat sehr groteske Formen angenommen. Und ich bin mir nicht sicher, wie die Geschichte sich weiterentwickelt hätte, wenn nicht plötzlich der Planet selbst eingegriffen hätte."

Jakob macht eine Pause und überlegt, ob er noch weiter erzählen soll. Die Gedanken an die Zeit haben ihn sehr aufgewühlt und in seinem Gesicht ist die Anstrengung der Erinnerung zu lesen.

„Merlina, ich glaube, für heute ist es erst einmal genug. Bist du einverstanden, wenn wir jetzt unterbrechen und ein anderes Mal weitermachen? Ich kann dir einen Tipp geben, wen du am besten zu den Naturkatastrophen befragen kannst, die ich eben angesprochen habe. Nicht so weit von hier lebt eine Familie, in der mein alter Freund Henry wohnt. Er ist Geologe und kann dir die Einzelheiten von damals bestimmt besser erklären als ich."

„Ja danke, Jakob. Ich danke dir, dass du dir die Zeit für mich genommen hast. Ich möchte dir sagen, dass ich eure Schilderungen nur ertragen kann, weil ich weiß, wie es ausgegangen ist. Und mit jedem Satz wächst meine Dankbarkeit an eure Generation. So viele von euch sind dafür gestorben, so viele von euch haben die Mühen und das Chaos auf sich genommen. Ich verdanke euch mein wunderbares Leben." Merlina will die Tränen, die sich in ihren Augen zeigen, gar nicht verstecken. Sie sind Ausdruck ihres Mitgefühls und ihrer Liebe zu all denen, die die Umkehr ermöglicht haben. Und ein bisschen sind es auch die Tränen des Grauens aus dieser Zeit.

Merlina schaut aus dem Fenster der langsam dahintuckernden Bahn. Sie hat nicht den Schnellzug genommen, weil sie die Landschaft genießen möchte. Es kommt nicht so oft vor, dass sie das Anwesen der Gemeinschaft für eine Reise verlässt. Sie hat im Umkreis von wenigen Kilometern alles, was sie für ihr derzeitiges Leben braucht. Und wenn sich das für eine längere Zeit verändern würde, dann würde sie in eine andere Gemeinschaft umsiedeln, die näher an ihren Plänen liegt. Diese Art von zeitlich begrenzter Gastfreundschaft ist nicht nur sehr bereichernd, sondern auch wunderbar, um neue Menschen intensiver kennenzulernen. Sie ist sehr gespannt auf den alten Geologen Henry. Ihr Blick fällt auf die grünen Wiesen, die gerade an ihren Augen vorbeiziehen. Sie sehen saftig aus und über ihnen liegen Teppiche von farbenprächtig blühenden Blumen. Jetzt gerade leuchtet alles in einem kräftigen Rot und wechselt dann in ein sonniges Gelb.

Der Duft der Erinnerung steigt in ihrer Nase auf. Als Kind hat sie so gerne auf solchen Wiesen gespielt. Es gibt sie überall zwischen den Feldern der Landwirtschaft und den Obstplantagen. Während dieser Gedanken wechselt die Landschaft wieder. Ein Seengebiet glitzert bis zum Horizont. Die Sonne spiegelt den leuchtend blauen Himmel auf der Oberfläche des Wassers und bringt kleine funkelnde Diamanten hinein, die mit den winzigen Wellen hin und her springen, als würden sie von unten her angeschubst. Merlinas Herz macht in ihrer Brust genauso kleine Hüpfer wie die funkelnden Lichtreflexe auf dem Wasser. Sie denkt an die Begegnung mit Henry und an die vielen Eindrücke, die er ihr vermitteln wird. Nicht, dass sie in ihrem Erziehungs- und Bildungssystem nicht schon ein Menge über die geologische Katastrophe gehört und gelesen hätte, doch den Schilderungen im Völkerarchiv fehlen die persönlichen Aspekte und die Spannung. Sie sind eher eine informative Auflistung der Ereignisse.

Am Horizont taucht eine Bergkette auf. Die höchsten Erhebungen sind um die tausend Meter hoch. Die Kuppen und Hänge sind gänzlich kahl und strahlen etwas Jungfräuliches aus. Schwarzes Gestein, das mit seinen runden Formen in die Morgenluft hinaufragt, hinterlässt einen massiven, doch nicht beängstigenden Eindruck auf

Merlina. Dieser Bergrücken ist eine der neuen Aufwerfungen aus der Zeit des geologischen Super-GAUs als Folge der Klimakatastrophe. Merlina denkt darüber nach, dass diese Formationen sicher auch wieder Bodenschätze aus dem Inneren des Planeten hervorgebracht haben, die vielleicht von irgendeiner Generation der Zukunft gebraucht und geborgen werden.

Seitdem das zyklische Denken wieder die Verantwortung für das Geschehen auf der Erde übernommen hat, ist der Abbau von Ressourcen nur noch mit Genehmigung des Weltältestenrates erlaubt. Die Mitglieder dieses Rates der Weisen Alten achten darauf, dass das Gesetz, welches die Würde der Natur schützt, nicht verletzt wird und die Verwendung der Ressourcen ist nur erlaubt, wenn es der gesamten Erdbevölkerung zugute kommt. Ohnehin ist seit Abschaffung des Geldes das Verlangen nach Abbau von Ressourcen geschwunden, da die sinnlose Plünderung für nackten Profit und Gier ein Ende gefunden hat.

Das Gesetz zum Schutze der Würde der Natur hat so vieles verändert. Die Natur ist wieder ein wesentlicher Teil des neuen Wertesystems geworden, sie ist nicht länger der Selbstbedienungsladen, den sie einmal dargestellt hat, sondern wird als die Lebensgrundlage der Menschen geachtet und verehrt. Merlina hat gelernt, dass die Natur nicht nur einen Teil ihres Lebens darstellt, sondern dass sie selbst nur ein unwesentlicher Teil dieser Natur ist und dass sich Menschen demgemäß verhalten müssen. Sie hat gelernt, dass ihr Geist und ihr Verstand nicht dazu da sind, so viel wie möglich aus den natürlichen Gegebenheiten herauszupressen, sondern dass beides dazu dient, mit großartigen Entwicklungen und Ideen für den Fortbestand beizutragen.

Sie weiß, dass in früheren Zeiten kleinere Flächen geschützt und zu sogenannten Nationalparks erklärt wurden, weil die größten Flächen einer Zerstörung zum Opfer gefallen waren, die der Mensch durch seine Rücksichtslosigkeit hervorgerufen hatte. Für sie ist es unvorstellbar, dass erst Schäden angerichtet wurden, die dann durch Schutzgebiete mit einer Art Alibifunktion ausgeglichen werden sollten. Was haben sich die Menschen der damaligen Zeit nur dabei gedacht? Haben sie sich denn nie die Konsequenzen für die nachfolgenden Generationen ausgemalt? Ist ihnen denn nie in den Sinn gekommen, dass sie überhaupt kein Recht zu all diesen Taten hatten?. Es kommt Merlina so vor, als seien die Menschen vor der

Erneuerung die schlimmsten Feinde der Natur und damit auch ihrer selbst gewesen. War ihnen das Gefühl dafür, dass sie Teil des ganzen Prozesses sind, völlig abhanden gekommen? Für sie wäre es geradeso, als würde sie sich selber Schaden zufügen, wenn sie die Natur in irgendeiner Form verletzen würde, weil sie sich als absoluten Teil des Ganzen empfindet. Etwas so Wunderbares, wie sie es in ihrem Leben erlebt, verdient aus ihrer Sicht allen möglichen Respekt und die größte Achtung.

Der Zug rollt in den kleinen Bahnhof ein. Das geräumige Gebäude vor den Schienen ist aus Lehm gebaut, das kann sie an den leicht variierenden Wänden erkennen. Lehm ist einfach zu gewinnen und als Material allen Anforderungen für den modernen Hausbau gewachsen. Deshalb ist er der ideale Baustoff für den Wiederaufbau gewesen. Der größte Vorteil von Lehm ist, dass er sehr einfach zurück in die Natur gebracht werden kann, wenn das Gebäude irgendwann einmal nicht mehr gebraucht wird oder durch ein Neues ersetzt werden soll.

Merlina liebt Bahnhöfe. Sie sind ähnlich wie Gemeindezentren gestaltet und mehr als nur für Ankunft und Abreise erbaut. Sie erfüllen eine wichtige Aufgabe im Bereich von gemeinschaftlicher Kommunikation. Hier treffen sich die Menschen unter anderem, um sich für Reisen zu verabreden und ihre Planungen abzustimmen. Die hellen, sonnendurchfluteten Räume sind mit Sitzgruppen ausgestattet und ebenso gemütlich, wie die Gemeinschaftsräume in allen anderen öffentlichen Gebäuden. Es finden sich immer genügend Menschen aus dem Umfeld, die dafür sorgen, dass es an nichts fehlt, um die Menschen, die sich hier aufhalten, glücklich zu machen. Bahnhöfe sind Knotenpunkte und aussagekräftige Plätze der Gastfreundschaft geworden.

Menschen, die hierher kommen, egal aus welchem Teil der Erde und die noch keine persönliche Anbindung haben, finden hier eine Art kurzfristiges Zuhause. Jedem Bahnhof ist ein Hotel angegliedert, dass fremde Menschen als Freunde willkommen heißt und mit allem nötigen versorgt. Da sich die Grenzen von Ländern und Kontinenten weitestgehend aufgelöst haben, gibt es den Begriff der Ausländer in diesen Zeiten nicht mehr. Merlinas Generation erlebt und empfindet sich als Weltbürger ohne Grenzen und Gastfreundschaft ist ihr zu einem heiligen Wert geworden. Diese Art von gastfreundschaftlicher Zuwendung gibt ihnen die Möglichkeit, ihre Verbundenheit mit

ALLEM WAS IST zu leben.
Merlina geht auf den Ausgang zu und sieht vor der Tür einen Mann stehen, von dem sie annimmt, dass er Henry ist. Sie hat ihn noch nie gesehen und doch sagt ihr ihre Intuition, dass der Mann mit dem grauen Haar und den ausdrucksstarken Augen Henry sein muss. Im gleichen Moment lächelt auch er ihr zu und winkt mit der einen Hand. Die andere stützt sich auf einen Gehstock. Für Henry ist es immer wieder ein sonderbares Gefühl, dass seine Intuition in den letzten dreißig Jahren derart verlässlich geworden ist. Die Generation dieser jungen Frau, die jetzt gerade auf ihn zukommt, kennt es nicht anders, aber für ihn ist diese neuzeitliche Entwicklung jedes Mal aufs Neue ein wunderbares Geschenk. Es ist keine Telepathie und man kann es nicht wirklich Gedankenlesen nennen, doch ist die Intuition der Menschen in den letzten beiden Generationen derart gestiegen und verlässlich geworden, dass die eigene Absicht ein inneres Wissen bewirkt, das keinen Zweifel hinterlässt. Und aufgrund dieser Intuition hätte er Merlina auch aus Tausenden von Menschen herausfinden können, ohne sie jemals zuvor gesehen zu haben. Was für ein hübsches junges Ding, denkt Henry, als sie geradewegs auf ihn zusteuert. Und diese Klugheit in den Augen... sein Herz öffnet sich bei ihrem Anblick und er begrüßt sie freudig.
„Hallo, Merlina, wie schön, dass du da bist. Hattest du einen erfreulichen Weg?"
„Ja, hallo Henry, ich bin so glücklich, dass wir heute die Zeit miteinander verbringen werden. Ich bin so neugierig und habe das Gefühl, dass ich es gar nicht abwarten kann. Dies alles ist so spannend für mich."
Sie schiebt ihren Arm unter seinen, um ihn ein bisschen beim Gehen zu stützen. Bis zu seiner Wohngemeinschaft ist es nicht weit und sie gehen das Stückchen zu Fuß. Auch das Anwesen, in dem Henry wohnt, ist aus Lehm gebaut und fügt sich harmonisch in die etwas hügelige Landschaft ein. Die Dächer der einzelnen kleinen Häuser sind begrünt und machen es dem Auge schwer, sie vom Umfeld zu unterscheiden. Am Hang gelegen und so exakt eingepasst, ist es mit etwas Distanz nicht gleich auf den ersten Blick als Wohnstätte zu erkennen. Das hat einen ganz eigenen Reiz. Henry öffnet ein hölzernes Tor und schiebt Merlina sanft vor sich hinein. Sie biegen um eine Ecke und gehen ein paar Stufen hinab in eine Art Innengarten. Hier riecht es nach Kräutern und nach Rosen. Henry zeigt mit

seinem Gehstock auf eine zweiflügelige Glastür gleich auf der linken Seite. Vor der Tür steht eine Gartenbank mit einem Tischchen davor und wie von Geisterhand erledigt, wartet auf dem Tisch bereits der Tee. Als Merlina näher kommt, kann sie den zarten Zimtgeruch des Gebäcks aufnehmen. „Hmm, Henry, das riecht lecker."
„Oh, das hat dir Jakob bestimmt nicht erzählt, ich bin ein wahrer Meisterbäcker, wenn es um Plätzchen geht. Die habe ich gestern extra für dich gebacken. Vorräte halten hier nämlich nicht lange."
Seine Stimme klingt fröhlich und ein bisschen verschmitzt. Merlina kann sich lebhaft vorstellen, wie Henry mit einer Schürze vor dem Bauch in der Küche steht und die Plätzchen in den Ofen schiebt.
„Das ist wunderbar. Ich bin voller Spannung auf deinen Bericht."
Sie nimmt die Aufforderung wahr und setzt sich auf die Gartenbank. Nachdem Henry sie mit Tee versorgt hat, zieht er sich einen Stuhl heran, nimmt darauf Platz und rührt langsam in seiner Tasse.
„Ja, ich habe mich auch gefreut, als Jakob mich fragte, ob ich Lust hätte, einmal wieder aus den ganz alten Zeiten zu erzählen. Das ist alles schon so lange her, unglaublich."
Den letzten Satz murmelte er mehr zu sich selber, als zu Merlina und nach einer kleinen Pause bemerkt er es und spricht in ihre Richtung weiter.
„Ich war damals gerade mal dreißig Jahre alt. Und meine Hauptbeschäftigung lag darin, mich um die Veränderung der Pole zu kümmern. Wir hatten damals, und heute wissen wir, dass das eine berechtigte Sorge war, also wir hatten damals große Angst davor, dass die Pole aufgrund der Klimaveränderung schneller schmelzen würden, als wir Gegenmaßnahmen ergreifen konnten. Ich glaube, viele von uns Wissenschaftlern ahnten, dass wir in aufregenden Zeiten lebten, aber wie aufregend sie dann wirklich werden sollten, davon war unsere Vorstellungskraft weit entfernt. Und es war nicht so, dass nur wenige von der bevorstehenden Veränderung Notiz genommen hätten. Ganz im Gegenteil, es gab unglaublich viele Aktivitäten und unzählige Initiativen.
In Amerika wurden sehr gute Filme über den Zustand der Erde gedreht. Einer aufgrund der Initiative von Al Gore, das war damals ein bekannter Politiker. Er nannte den Film „Eine unbequeme Wahrheit" und schilderte darin den Istzustand des Planeten. Er belegte mit einem überzeugenden Zahlenmaterial die Gefahr und die möglichen Folgen. Dieser Film gehörte bei vielen aufgeklärten Menschen zum

„guten Ton" und war ein absolutes Muss. Ob er viel bewegt hat, kann ich nicht sagen. Überhaupt hatte ich den Eindruck, dass viele Menschen sich Gedanken machten, aber niemand so richtig wusste, wie eine tatsächliche Veränderung geschehen sollte. Und ich gebe zu, dass auch ich zwar sehr besorgt war, aber eine wirkliche Lösung nicht parat hatte.

Heute bin ich natürlich klüger, aber damals habe ich wie fast alle anderen auch versucht, das bestehende System zu verbessern, zu verändern. Auf den Gedanken, dass das ganze System untauglich sein könnte, bin ich nicht im Traum gekommen. Das war auch nicht so einfach, wenn man wie ich linear denkend erzogen worden war. Allein dieses Denken, welches von A nach B denkt und damit nie wieder an den Ausgangspunkt zurückkehren kann, schließt alles, was nicht nach vorne geht, einfach aus! Verstehst Du? Wer immer nur nach vorne schaut, kann gar nicht sehen, was er zurücklässt und kann auch nicht erkennen, in welchen ganzheitlichen Zusammenhängen er lebt und im Grunde darin zwingend integriert ist. Was den meisten Menschen damals nicht bewusst war, war das System der Ganzheit, das, was wir heute als holistisches System bezeichnen. Durch die Konzentration auf Profit und die damit einhergehende Ausbeutung der Natur, verloren wir das ganzheitliche Bezugsfeld und katapultierten uns in eine isolierte Stellung. Selbstverständlich fand das vorwiegend in den Köpfen statt, denn die Wirklichkeit, dass alles auch ein Teil von etwas Anderem ist, kann niemand verändern. Aber die Einstellung, der Mensch stünde außerhalb dieses Naturgesetzes oder sogar über ihm, beeinflusste massiv das menschliche Handeln und damit das Ganze und zwar mit katastrophalen Folgen. Die Holontheorie, dass alles, was existiert, in sich GANZ ist und gleichzeitig ein TEIL von etwas, war schon damals vor allem von Ken Wilber genau beschrieben worden, wurde aber nur von wenigen verstanden. Viele gingen zwar mit der Aussage hausieren, dass ‚der Wald mehr als die Summe seiner Bäume sei', ohne sich jedoch bewusst zu sein, was das heisst und ohne danach zu handeln. Auch die Ohnmacht, die die meisten Menschen im Zusammenhang mit der bedrohlichen Entwicklung auf der Erde verspürten, war im Grunde eine Erfahrung dessen, dass sie Teil von Allem sind. Sie erkannten verzweifelt, dass sie dem nicht wirklich entfliehen und diese Entwicklung auch nicht alleine verändern konnten. Als ich die tiefen Zusammenhänge selbst begriff, versuchte ich anderen Menschen zu erklären, dass wir uns eben nicht isoliert betrachten könnten, sondern sehen müssten, dass wir zwar als Mensch ein Ganzes sind, gleichzeitig aber auch ein Teil eines größeren Ganzen. Wir waren dabei, das zu zerstören, aus dem wir hervorgegangen sind. Der Mensch kann ohne bestimmte Umweltbedingungen auf dem Planeten Erde nicht überleben. Die Erde jedoch, die schon lange vor dem Menschen da war, wird auch ohne den Menschen weiter existieren, sie ist nicht auf die Menschheit angewiesen. Diese Tatsache konnten viele noch nachvollziehen. Schwieriger wurde es, die natürliche Hierarchie, also eigentlich eine Holarchie, dahinter anzuerkennen - weil Hierarchie in der Demokratie verpönt war. Viele haben zurecht erkannt, dass die Hierarchien, die das männliche Prinzip hervorgebracht hat, künstlich, pathologisch und damit zerstörerisch waren, weil sie sich auf Werte wie Geld, Macht, Status ect. bezogen. Holarchie bedeutet, dass alles was ist, sich aus etwas Anderem heraus entwickelt, diese Basis zwingend integriert und durch die eigenen, neuen Aspekte eine höhere und damit wertvollere Stufe darstellt. Wird diese natürliche Ordnung nicht erkannt und akzeptiert, besteht die große Gefahr der Selbstzerstörung.

Dieses universelle Gesetz war den Menschen früher einfach nicht wirklich bewusst. Das damalige System des immer nur geradeaus Denkens, des Profitdenkens, brachte einen ganz gravierenden Aspekt der Verdrängung mit sich, so dass über Konsequenzen des eigenen Handelns nur zu selten nachgedacht wurde.

Wir alle versuchten nur, Schlimmeres zu verhindern - jedenfalls mehr oder weniger. Viele Konsequenzen wurden einfach nicht durchdacht oder nicht kommuniziert. Als Beispiel dafür: in der damaligen Zeit hatten wir unzählige Atomkraftwerke aufgestellt. Allein in Amerika waren es Hunderte. Ich habe keine Ahnung, wieviele es weltweit wirklich waren. Auf jeden Fall haben wir sie über Jahrzehnte betrieben ohne zu wissen, wohin mit dem radioaktiven Abfall. Das war unglaublich. Und bis auf einige Protestbewegungen haben sich die meisten Menschen mit den offiziellen Antworten zufrieden gegeben. Die Bevölkerung brauchte Energie in jeglicher Form und für die Bewältigung der Probleme waren aus ihrer Sicht die gewählten Politiker zuständig. Es gab tatsächlich viele Menschen, die von Politikern mehr erwarteten, als sie selber zu geben bereit waren. Und unter uns, das war in den Zeiten sehr bequem und die beste Art, sich aus der Verantwortung zu stehlen.

Das sollte ein paar Jahre später anders werden. Aber noch einmal zurück an die Stelle, an der ich eben sagte, dass ich nicht auf die Idee gekommen wäre, das gesamte System in Frage zu stellen. Als dann auf einmal die Frauen aus dem System ausstiegen, merkten wir, dass wir ein unglaubliches Potential an Stärke verloren hatten. Es dauerte eine Weile, bis der Gedanke der Rückkehr zum Weiblichen Prinzip zu einer weltweiten Bewegung, ja zu einer neuen, weltweiten Lebenseinstellung vieler Frauen - und zunehmend dann auch vieler Männer - wurde. Von dieser Bewegung waren fast zwei Drittel der gesamten Weltbevölkerung betroffen, wenn ich die Kinder und die Alten mitrechne. Da brachen viele soziale Strukturen zusammen und es waren die ganz alltäglichen Kleinigkeiten, die plötzlich zu einem Problem für das System wurden.

Ich selbst war nicht gerade einer der Ersten, die verstanden haben, was da vor sich ging. Als Yuppie der damaligen Zeit hielt ich am Anfang alles für eine gut gemeinte Aktion der Frauen, die sich im Sande verlaufen würde. Und es hat schon mehr als nur ein paar Monate gedauert, bis ich die Dimension und auch die darin bestehende Chance erkennen konnte."

Henry schaut Merlina in die Augen und seine Stimme klingt etwas verlegen, so als müsse er sich im Nachhinein noch bei ihr für sein Zögern entschuldigen. Um ihr Gefühl auszudrücken, sagt sie: „Du brauchst dich nicht zu entschuldigen. Nicht bei mir. Ihr habt doch die Erneuerung vorangetrieben. Ohne eure Einsicht und euren Einsatz hätten wir nicht das Paradies, in dem wir jetzt alle leben dürfen."

„Merlina, deine Dankbarkeit rührt mich sehr an und sie entlastet mein schlechtes Gewissen, das sich noch manchmal regt. Wenn du magst, möchte ich jetzt gerne zum eigentlichen Thema kommen. Als die Frauen damals aus der Gesellschaftsform ausstiegen und sich immer mehr Männer dazugesellten, war trotzdem eine Veränderung der Strukturen nicht einfach. Diese Gruppe hat durchgehalten und sich stetig vergrößert und dann kam wie ein Geschenk, wie eine Unterstützung der Natur selbst, die große Katastrophe dazu. Wir hielten es jedenfalls damals für eine Katastrophe - im Grunde aber war es eine riesengroße Chance. Es fing damit an, dass die Pole tatsächlich rasant abschmolzen und der Meeresspiegel anstieg. Erst waren nur die direkten Küstengebiete betroffen. Dann bestätigte es sich, dass die Gewichtsverlagerungen, die damit einhergingen, so gewaltig waren, dass sich die Interkontinentalplatten verschoben und zeitgleich gab es Erd- und Seebeben in unglaublichem Ausmaß. Es waren Wochen voller Grauen. Nach einem schweren Beben folgten unzählige Nachbeben und alle Lebewesen auf dem Planeten kamen aus den Ängsten gar nicht mehr heraus. Für mich, als junger ehrgeiziger Geologe, war die ganze Situation sehr ambivalent. Ich war aus Leidenschaft zu diesem Beruf gekommen und auf der einen Seite faszinierten mich die Geschehnisse. In einer Zeit solch dramatischer Ereignisse zu leben, kam für mich als Geologen einem Geschenk gleich. Auf der anderen Seite hatte ich natürlich auch Ängste. Ich hatte eine Familie, eine Frau und zwei kleine Mädchen und ich hätte mir nie vorstellen können, ohne sie zu leben. Und doch musste ich es lernen, denn sie kamen bei einem Brand um, der infolge eines heftigen Bebens entstand. Sie konnten sich nicht mehr retten und ich war nicht zu Hause. Lange glaubte ich, dass mich das Leben dafür bestrafen wollte, dass ich so neugierig war und mich nicht genug um sie gekümmert habe. Es gab keinen Trost, auch wenn es vielen anderen ebenso erging."

Die Erinnerung schmerzt ihn sichtlich noch immer, das war in seiner Stimme zu hören, auch wenn sein Leben später wieder freudvoller wurde. Merlina spürte in ihrem Herzen die Tragik und hätte gerne etwas Tröstendes dazu gesagt. Doch dann redete Henry bereits weiter.

„Die Seebeben ließen Flutwellen entstehen, die ganze Küstenstriche dem Erdboden gleichmachten. Wir hatten so etwas in Einzelfällen bereits erlebt und ein Tsunami war uns nicht fremd. Doch die Ausmaße und vor allem, dass sie an so vielen Stellen des Globus fast zur gleichen Zeit auftraten, überstieg unsere Vorstellungskraft. Es kam zu gewaltigen Erdrutschen, und wie befürchtet wurden einige Vulkane wieder aktiv. Die Vulkanausbrüche auf dem Meeresgrund waren so gewaltig, dass neue Inseln entstanden. Solange die Kommunikationsmöglichkeiten noch funktionierten, sahen wir jeden Tag veränderte Landschaftsbilder über Satelliten und es schien, als würde die Schöpfung eingreifen, als würde die Natur alles auf ihre Art wieder zurechtrücken. Die Natur zeigte uns, dass wir unseren Geist und unsere Möglichkeiten missbraucht hatten, dass wir dem größten Irrtum unseres Daseins aufgesessen waren. Wir hatten geglaubt, sie im Griff zu haben und wir dachten, wir wären nicht mehr Teil dieses Prozesses, sondern hätten die Macht, ihn zu bestimmen.

Und nun hustete die Erde und spuckte, schüttelte sich und wirbelte uns damit umeinander. Merlina, ich sage dir, das waren Zeiten, in denen auch den Dümmsten langsam zu dämmern begann, wie unbedeutend und klein wir Menschen im Kreislauf und im Geschehen der ewigen Natur waren. Für viele waren diese Ereignisse wie eine Koexistenz zwischen dem Begehren der Frauen und der Natur. Auf der einen Seite die Frauen und Männer, die danach strebten, das Zyklische Denken für die Menschheit wieder zu integrieren und auf der anderen Seite die Natur, die den Prozess beschleunigte und mit all ihren Mitteln eingriff. Beide gingen eine Allianz ein. Es war wie eine Bestätigung, dass es an der Zeit war, die Dinge auf den Kopf zu stellen.

Das Chaos wütete über ein Jahr und immer wenn wir glaubten, aufatmen zu können, dann gab es einen weiteren Schlag, denn jedes Ereignis hatte Folgen und initiierte neue Prozesse.

Die Permafrostböden tauten und ließen ganze Gebirgsketten wie große Kieselhalden zerbröckelnd in sich zusammenfallen und begruben Dörfer und Städte unter sich. Methangas befreite sich und führte zu weiteren Explosionen und das Meer stieg immer noch weiter an.

Das Wetter spielte verrückt. Es fiel Regen in Mengen, die die Böden nicht aufnehmen konnten, weil es entweder in Regionen geschah, in denen die Böden metertief ausgetrocknet waren oder weil in den Städten kaum mehr Flächen für die Versickerung vorhanden waren. Kleine Bäche und Flüsse wurden zu reißenden Strömen, die die anliegenden Gebäude mit Mann und Maus mit sich nahmen. Große Deltaflächen überschwemmten ganze Länder. Es war wie das jüngste Gericht aus der Bibel oder wie die darin beschriebene Sintflut.

Und dann, als sich der Planet langsam beruhigte, mussten die Landkarten neu geschrieben werden. Die Westküste Nordamerikas war bis an die Berge überflutet, an der Ostküste hatte sich neues Land gebildet. Der Golf von Mexiko war zu einem riesigen Meer geworden, das große Teile der Anrainerstaaten überflutete und die Landbrücke war nur noch aufgrund herausragender Berge zu erkennen. Der größte Teil Japans versank im Meer und der nördliche Teil Europas war mit einem Schlag völlig umgeformt worden. An den Polen war es zu Bodeneruptionen gekommen und zusätzlich drohte ihre Verlagerung. Bei den Aufzeichnungen erinnerte ich mich schlagartig an ein Buch, das ich ein paar Jahre zuvor gelesen hatte. Es war von Dr. Chet B. Snow geschrieben und hieß „Zukunftsvisionen der Menschheit". Darin berichtete Dr. Snow von Visionsreisen in die Zukunft, die von der Psychologin Dr. Helen Wambach durchgeführt wurden. Damals hielt ich das alles für ziemlich weit hergeholt und dann, ein paar Jahre später, war fast alles Wirklichkeit geworden. Das war erschreckend und machte mir auch in der damaligen Zeit schon sehr deutlich, dass sich sehr, sehr viele Menschen dieser Umbruchszeit bewusst waren und ihre Gedanken bereits zu Papier gebracht hatten - lange bevor alles geschah."

Henry macht eine nachdenkliche Pause und Merlina nutzt diese sofort, um eine Frage zu stellen, die ihr während des Zuhörens immer wieder auf der Zunge lag, aber um keinen Preis hätte sie Henry unterbrochen.

„Warum hat denn niemand die Warnungen dieser Menschen ernstgenommen? Wenn es Filme, Bücher, Studien und engagierte Menschen gab, warum wurde dann nicht schon viel früher eine Veränderung herbeigeführt? Gerade weil doch das lineare Denken immer den Blick nach vorne hatte, hätte man doch die Zeichen und ihre Auswirkungen sehen müssen."

„Das ist eine sehr berechtigte Frage, Merlina! Aber bei noch so strengem Blick nach vorne hätten wir uns auch eingestehen müssen, dass wir nicht mit immer mehr und immer schneller, größer und technischer, hätten weitermachen können und das System wollte um jeden Preis weitermachen. Es gab sogar Menschen, wirklich kluge und informierte Menschen, die glaubten, dass die gesamte Erdbevölkerung in Zukunft auf diesem hohen Niveau leben könnte, wie es die westlichen Industrienationen damals taten. Unser damaliges Denken war auf Gewinnen und Verlieren ausgerichtet. Und eine Niederlage einzugestehen, ja sogar eine jahrhundertelange Entwicklung als eine Fehlentwicklung einzuordnen, das war in dem damaligen System einfach nicht möglich, das war wirklich undenkbar. Und es hätte wohl auch einen längeren Zeitraum gebraucht, wenn nicht die Natur eingegriffen hätte.

Von da an ging es den Zurückgebliebenen um nichts anderes mehr, als ums nackte Überleben und das über Jahre hinweg. Das galt für den einzelnen Menschen ebenso wie für Völker und Staaten. Wir alle auf dem Globus mussten eine Art Bestandsaufnahme machen und der gewaltige Schreck, der uns in den Gliedern saß, half, etwas in den Hirnen der Menschen zu verändern.

Die Erde hatte sich geschüttelt, als wolle sie einen lästigen Parasiten loswerden und hatte uns nachhaltig gezeigt, wer wir sind, wie groß unser Einfluss wirklich ist und wo im Rahmen der Natur unser Platz ist.

Und da sich ohnehin die Konturen der Kontinente verschoben hatten, einige Länder gar nicht mehr existierten und neue Landmassen hinzugekommen waren, bekam die Menschheit eine große Chance, die wichtigsten Aufbau- und Forschungsarbeiten nationenübergreifend zu bewerkstelligen.

Endlich machte eine globale Entwicklung wirklichen Sinn. Die wissenschaftlichen Zweige arbeiteten miteinander und nicht gegeneinander und das Allergrößte war die Idee der Frauen, das Geld einfach abzuschaffen, um wirklich handlungsfähig zu sein und keine Rücksicht auf Vermögen oder Nicht-Vermögen nehmen zu müssen.

Vorerst sollte es nur für einen gewissen Zeitraum so sein, bis sich der globale Zusammenschluss für eine neue Währung entschieden hatte.

Aber dann ... dann merkte die Mehrzahl der Menschen, dass es in der Tat einer ganz neuen Währung bedurfte, die mit dem Geldsystem nichts zu tun hatte, sondern ganz im Gegenteil, die durch das Geld der alten Welt eher in den Hintergrund getreten war. Es war die Chance, nicht nur eine neue Währung, sondern einen neuen Wert zu installieren, der sich aus der Situation heraus als richtig bewies.

Die neue Währung, der neue Wert, war die Höhe des Beitrags, den der Einzelne oder ein Volk für das Wohl des Ganzen leistete. Anhand des Ausmaßes des Beitrags wurde die Wertschätzung festgestellt.

Wer etwas hatte, gab, und wer etwas brauchte, der nahm. Auf einmal war die Welt voller Solidarität und wir alle spürten, dass einer der Werte des Weiblichen Prinzips zu greifen schien: die Solidarität und das darin enthaltene Miteinander.

Und um Deine Frage zu beantworten, ohne den Eingriff der Natur hätten wir die Erneuerung vielleicht nicht hinbekommen und am Ende waren wir alle dankbar, dass so viele Menschen - Männer wie Frauen - bereits seit geraumer Zeit willens waren, das Männliche Prinzip vorerst durch das Weibliche zu ersetzen. Alles kam zur richtigen Zeit und die große Katastrophe wurde zur größten Chance, die die Menschheit jemals erhalten hat. Und ich bin sehr froh, dass wir den richtigen Weg gewählt haben und dass wir es alle gemeinsam geschafft haben."

Merlina nickt stumm. Sie hat nun schon so oft gesagt, dass sie sich privilegiert fühlt, in einer so schönen Welt zu leben und will es nicht

noch einmal wiederholen, obwohl ihr danach zumute ist.
Es liegen nicht einmal fünfzig Jahre zwischen Henrys Schilderung und dem heutigen Tag. Sie kann es kaum glauben, denn sie hat das Gefühl, auf einem völlig anderen Stern zu leben, als auf dem, von dem Henry ihr gerade erzählt. Sie sieht, dass Henry auf die Uhr schaut und bemerkt, dass es im innen gelegenen Garten nun etwas lebhafter zugeht. Es ist Nachmittag geworden, ohne dass Merlina es wahrgenommen hat und die Freunde aus der Lebensgemeinschaft kehren nach und nach von ihren Aufgaben zurück. Dann hebt Henry seinen Arm und winkt einer Frau in einem luftigen Sommerkleid zu. „Schau, da kommt Luna. Ich werde dir meine Frau vorstellen, sie war schon heute Morgen ganz neugierig auf dich. Luna, wie schön, dass du zurück bist. Komm, leiste uns Gesellschaft."
Luna ist viel jünger als Henry, bestimmt zwanzig Jahre, denkt Merlina. Luna hat ein strahlendes Lächeln, das zwei Grübchen in ihr Gesicht zeichnet. Mit jedem Schritt, den sie näher kommt, spürt Merlina ihre Präsenz deutlicher und als sie nur noch ein paar Schritte von ihr entfernt ist, kann Merlina die Energie körperlich spüren, die von Luna ausgeht. Merlina erhebt sich von der Bank und geht ihr entgegen. Das ist eine Frau nach ihrem Geschmack. Und als sie Luna's Stimme hört, spürt sie auf der Stelle, wie sich ihr Herz weit öffnet und wie sie jeden Ton, jede Bewegung, selbst ihren Geruch in sich einströmen lässt. Was für ein schöner Tag, denkt Merlina. Wie großzügig das Leben heute mit ihr ist, ihr die Begegnung mit zwei so wunderbaren Menschen zu schenken. Luna scheint ähnlich zu fühlen, denn obwohl sie Merlina noch nie gesehen hat, umarmt sie sie zur Begrüßung so herzlich, als wäre sie eine alte Freundin und nicht eine Jahrzehnte jüngere, fremde Frau.
„Na, ihr beiden, über was habt ihr gesprochen?" Luna's Stimme klingt entspannt und es ist ihr nicht anzumerken, dass sie einen ganzen Tag lang in einer Wohnanlage die Menschen versorgt hat. Sie ist Ärztin und hat sehr lange in der Forschung gearbeitet, soviel weiß Merlina bereits von Henry, und dass sie jetzt in einer Wohngemeinschaft mit vielen älteren Bewohnern ihre Beitragszeit verbringt.
Merlina hat sich wieder auf die Bank gesetzt. Luna steht über Henry gebeugt und begrüßt ihn zärtlich.
„Bevor ich mich zu euch setze, mache ich uns noch schnell einen frischen Tee. Sind noch genügend Plätzchen für uns alle da?" Mit einem kurzen Blick auf den Tisch und der Teekanne in der Hand

geht Luna in Richtung Terrassentür und ist einen Moment später entschwunden.

„Sie ist wirklich ein Geschenk für mich. Wir sind jetzt seit über zwanzig Jahren verheiratet, und jede einzelne Minute mit ihr ist ein Geschenk. Ich profitiere so sehr von der unglaublichen Energie, die sie ausstrahlt. Ich habe dich beobachtet als Luna kam und habe gesehen, dass dir diese kraftvolle Ausstrahlung nicht entgangen ist, nicht wahr?"

„Ja, Henry, Luna hat eine wunderbare Präsenz und strahlt soviel leuchtende Energie aus."

Wenig später kehrt Luna mit einem Tablett zurück. „Wo wart ihr in eurem Gespräch stehen geblieben?" „Oh, Liebes, ich habe Merlina gerade davon erzählt, dass die große Katastrophe damals die größte Chance für die Menschheit war und dass wir stolz darauf sein können, dass wir sie auch genutzt haben."

„Ja, das ist wohl wahr. Ich war damals noch ein Kind von ungefähr zehn Jahren. Ein Jahr bevor die Frauen sich verweigerten, hatte ich ein Buch in die Hände bekommen. Wir nahmen damals im Geografieunterricht der Schule gerade Afrika durch. Und mein Vater hatte das Buch „Die unterste Milliarde" von Paul Collier auf seinem Schreibtisch liegen und erzählte mir davon. Ich war zu klein, um den Inhalt wirklich in seiner Gänze zu verstehen. Es ging um die Zusammenhänge von Geografie und Wirtschaftswachstum und um die Gesetzmäßigkeiten der Ökonomie, trotzdem habe ich versucht, es zu lesen. Was mich ganz ungeheuer beeindruckte, waren die vielen Krankheiten, mit denen die afrikanische Bevölkerung zu kämpfen hatte. Ich las dann noch ein weiteres Buch über dieses Thema. Es war von Jeffrey D. Sachs und hieß „Das Ende der Armut". Nach der Lektüre dieser beiden Bücher stand für mich bereits als Zehnjährige fest, dass ich einmal Ärztin werden wollte, um gegen die Armut und die Krankheiten anzukämpfen.

In den Wirren der geologischen, klimatischen und ökologischen Veränderungen mussten wir dann alle mit der Ausbildung ein bisschen kürzer treten, aber als sich die Verhältnisse wieder stabilisierten und wir zusätzlich noch ein neues Bildungssystem bekamen, konnte ich schnell das Versäumte aufholen und als ich mit Mitte Zwanzig dann meinen Abschluss in der Tasche hatte und Ärztin war, bin ich noch im gleichen Monat nach Afrika gegangen.

Es waren bereits mehr als zehn Jahre seit der Rückkehr des Weiblichen

Prinzips vergangen, und es war schon sehr viel geschehen. Aber vielleicht sollte ich dir die Zustände zuerst schildern, wie sie waren, als ich noch ein Kind war. Interessiert dich das?" Das Nicken von Merlina reicht Luna aus und sie spricht sofort weiter.

„Afrika war der ärmste Kontinent von allen und das hing zweifelsohne mit seiner unsäglichen Vergangenheit zusammen. Viele Jahrhunderte lang wurden Schwarze überall auf der Erde als Sklaven gehandelt, als wären sie Menschen zweiter Klasse. Außerdem musste der Kontinent über einen sehr langen Zeitraum verschiedene Kolonialherren ertragen und anstatt die Entwicklung in den Ländern zu forcieren, haben diese das Volk ausgebeutet und am Ende nur Zerstörung zurückgelassen.

Die Kolonialmächte zogen Grenzen mit dem Lineal auf dem Reißbrett und ließen dabei innerkontinentale Aspekte völlig unberücksichtigt. Als ich Kind war, und das war immerhin schon nach der Jahrtausendwende ins dritte Jahrtausend, gab es für die meisten Menschen auf diesem Kontinent nur die notdürftigste Infrastruktur.

Dieser Kontinent beherbergte die höchste Zahl an hungernden Menschen auf dem ganzen Globus. Täglich starben mehr als zehntausend Menschen an Hunger, Elend und Krankheit. Und die Welt sah zu. Es wurden von den reicheren Staaten so gut wie keine Mittel für die Bekämpfung von Malaria und AIDS/HIV bereitgestellt.

Alles, wofür sich die reichen Länder interessierten, waren ihre Bodenschätze, die sie über billige Vereinbarungen ausbeuteten. Es wäre relativ einfach gewesen, diesen Völkern zu helfen, ihnen eine Infrastruktur und den Zugang zu Bildung und Fortschritt, der ihnen gemäß war, zukommen zu lassen. Die wohlhabenden Länder gaben damals Unsummen für Rüstung und Kriege aus. Ein einziger Jahresetat für Rüstung und Kriegsmaschinerie der damaligen USA hätte ausgereicht, um den Menschen in Afrika nachhaltig die Krankheiten und den Hunger zu nehmen.

Es gab eine weltweite Vereinigung, die sich UN nannte und eigentlich ein Fürsprecher für benachteiligte Länder sein sollte, doch solch große Institutionen waren genauso der Korruption ausgeliefert, wie es in den damaligen Wirtschaftskonzernen „gang und gäbe" war. Es gab sogenannte Chartas, Vereinbarungen zur Abhilfe dieses Desasters, aber im Grunde waren auch diese gut gemeinten Vereinbarungen von wirklich engagierten Politikern und Wissenschaftlern immer noch ein ethisches Armutszeugnis für die sogenannte

zivilisierte Welt. Man gab sich zufrieden, in ein paar Jahrzehnten den Anteil der hungernden Menschen durch Hilfsprogramme um die Hälfte zu reduzieren. Was war mit der anderen Hälfte?
Das änderte sich innerhalb von Monaten nach dem Zusammenbruch. Es gab selbstverständlich Proteste gegen den Umsturz des Gesamtsystems, insbesondere aus den Reihen derer, die an der Spitze des Linearen Denkens standen und die sich damit selber unglaublich reich gemacht hatten. Aber es gab keine Märkte mehr, es gab kein Geld mehr und - ich weiß nicht, ob Henry das bereits erwähnte - es gab vor allem einen neuen Wert, der unerwartet schnell von den meisten akzeptiert wurde, weil jeder davon profitierte: die neue Währung hieß einen Beitrag zu leisten! Und so beschlossen die klügsten Köpfe aus Wissenschaft und Forschung, ihr gesamtes Bestreben auf die Entwicklung der Dinge zu richten, die notwendig für den Wiederaufbau waren. Und dank dieses neuen globalen Gedankens wurde zuerst an den notwendigsten Entwicklungen gearbeitet.
Die wissenschaftlichen Disziplinen arbeiteten gemeinsam und gut koordiniert an einem Thema und teilten sich in verschiedene Arbeitsgruppen auf, in denen immer aus jeder Sparte Wissenschaftler vertreten waren, um die Problematiken ganzheitlich betrachten und lösen zu können. Natürlich musste vieles nebeneinander, fast gleichzeitig, entwickelt werden.
Da waren die Bereiche des Wiederaufbaus von Wohnraum, der Bereich für die Wasserversorgung und in einem geringeren Maße auch für Elektrizität. Ein weiterer, sehr wichtiger Punkt war die Gesundheitsvorsorge und die Krankenversorgung, denn nach den vielen Naturkatastrophen, dem Ausfall von Energie, tauchten viele Seuchen auf, die es eilig zu bekämpfen galt. Von den beschlossenen Maßnahmen profitierten die ärmsten Länder am meisten, insbesondere Afrika.
Als ich mehr als zehn Jahre später meine Stelle als Ärztin in Ghana antrat, war die Infrastruktur bereits auf einem beträchtlichen Niveau. Alle Überlebenden hatten sich unter Anleitung und durch Bereitstellung der notwendigen Materialien Unterkünfte bauen können, die kurze Wege zum Trinkwasseranschluss hatten und mit einer zentralen Stelle für die medizinische Versorgung verbunden waren.
Viele fragten damals, woher denn die benötigten Materialien genommen werden sollten und glaubten nicht, dass es ohne erneute Einführung von Geld funktionieren würde. Doch das eingeführte

Gesetz, dass niemand mehr nehmen durfte, als er der Gemeinschaft wieder zurückgeben konnte, setzte unglaubliche Reserven und Ressourcen frei.

Viele Menschen hatten gehortet, nicht nur in den wohlhabenden Ländern. Jetzt wurde geteilt und das mit offenem Herzen, weil jeder zweifelsfrei wusste, dass es zurückkommen würde. Und es war noch etwas geschehen. Die unsagbare Not aller Menschen brachte ein Gefühl wieder hervor, das schon lange nicht mehr im Vordergrund stand: Mitgefühl. Dieses Mitgefühl hatte zur Folge, dass sich die Menschen einander auch wieder näher kamen. Man hätte sagen können, wir saßen alle in demselben Boot, aber wir saßen de facto alle auf demselben zerstörten und für einen klugen Wiederaufbau bereiten Planeten. Aus dem Mitgefühl wurde menschliche Nähe und aus dieser Nähe heraus und der gemeinsamen Arbeit an Projekten, entstand bei aller Dramatik sogar Lebensfreude.

Es gab viele, sehr viele Menschen, die dieses ursprüngliche Gefühl schon lange nicht mehr erlebt hatten: mit den eigenen Händen etwas Wunderbares erschaffen! Wir mussten ja nicht wirklich überall bei Null anfangen. Nachdem sich die Lage stabilisiert hatte, wurden die Abläufe wieder in Gang gesetzt. Allerdings nicht auf die alte Art und Weise und schon gar nicht mit den gleichen Zielen."

Luna holt tief Luft. Sie hatte so begeistert über die Zeit geredet, dass Merlina nicht den Eindruck hatte, als wäre es eine harte und schlimme Zeit für sie gewesen. Es macht auf Merlina eher den Eindruck, als wäre alles sehr willkommen gewesen. Und als könne sie Merlinas Gedanken lesen, sagt Luna: „Du kannst dir gar nicht vorstellen, was mit den Menschen geschehen war. Die Natur hatte uns alle, na jedenfalls fast alle, zurück zum Wesentlichen gebracht. Es war so, als hätte jemand einen Herzinfarkt bekommen und ihn überlebt und dürfte jetzt in seinem Leben noch einmal alles anders machen.

Und es waren so unendlich viele Menschen bereit, ihre Ideen einzubringen, die sie im anderen System nie einbringen konnten. Immer wieder wurde deutlich, was für ein ungeheurer Schatz an Erfindungsreichtum und an sozialer Kompetenz in den Menschen verborgen war und nun sprudeln durfte.

An vielen Stellen sah es so aus, als hätten sie gerade darauf gewartet, endlich loslegen zu können. Viele einflussreiche und ehemals sehr vermögende Menschen, die, auch wenn es kein Geld mehr gab, so doch im Ausgleich für vieles sorgen konnten. Sie konnten einen

sehr großen Beitrag zur Gemeinschaft leisten und taten dies auch."
„Deine Eltern gehörten zu diesen Menschen. Sie waren gesellschaftlich und politisch sehr einflussreich und haben die neuen Werte von Anfang an unterstützt." Henry schaut liebevoll in Lunas Richtung.
„Ja, das stimmt. Sie haben mir von Kindesbeinen an soziale Kompetenz beigebracht ... hmm ... ja das stimmt." Luna scheint gedanklich wieder in die Zeit ihrer Kindheit einzutauchen.
„Na ja, als ich dann nach Ghana ging, habe ich einen halben Tag als Ärztin gearbeitet und die andere Zeit mit der Ausbildung von Ärzten verbracht. Es war eine schöne Zeit, und es war wunderbar für mich mit anzusehen, wie wissbegierig und intelligent die Ghanaer ihre Entwicklung in die Hand genommen hatten. Das war keine Ausnahme. In allen Ländern des neu geformten Planeten wurden die Kinder und die Erwachsenen gleichermaßen von ihrem Analphabetentum erlöst. Ganze Dörfer lernten gemeinsam Lesen und Schreiben und mit Zahlen umzugehen. Da saß der Großvater neben seinem Enkelkind und beide strahlten sich an, weil sie die Chance spürten und schätzten, im Positiven so wie alle anderen zu werden und nicht mehr benachteiligt zu sein."
Merlina lehnt sich entspannt zurück und atmet tief durch. Sie schließt ihre Augen und genießt die Vogelstimmen im Garten. Henry und Luna halten sich an der Hand und schweigen mit ihr. Zwischen den Dreien kreist eine liebevolle Energie und hüllt sie ein in Geborgenheit und Wohlbehagen. Auf den anderen Terrassen sind Stimmen zu hören und hin und wieder huscht ein helles Lachen an ihre Ohren.
Merlina blickt auf und trifft auf Lunas Blick. „Es is schön bei euch, und ich freue mich so, euch kennengelernt zu haben. Ich fände es sehr schön, wenn wir uns bald wiedertreffen würden. Vielleicht sehen wir uns beim nächsten Fest in unserer Lebensgemeinschaft. Dann ist vielleicht auch Jakob dabei, das wäre doch toll, oder? Jetzt möchte ich mich wieder auf den Weg machen. Ich glaube, mein Zug fährt bald."
„Wir bringen dich zum Bahnhof. Das ist ein schöner kleiner Spaziergang für mich und Henry. Nicht wahr, Liebling?"
Auf dem Weg spricht Merlina nicht. Sie ist so voll von den Eindrücken, die sie heute erhalten hat. Es arbeitet in ihrem Kopf, und sie merkt kaum, dass sie in den Zug steigt, sich noch einmal von den beiden verabschiedet und davonfährt.
Die Gedanken kreisen in ihrem Kopf. Die Vorstellung, dass damals

erwachsene Menschen nicht lesen und nicht schreiben konnten, ist für sie nicht auszuhalten. Da lebten auf der einen Seite in dieser Zeit Menschen im Überfluss und mit technischen Höchstleistungen, und die kümmerten sich nicht darum, dass auf der anderen Seite arme Menschen nicht einmal lesen und schreiben konnten. Sie kümmerten sich nicht darum, dass ihnen ärztliche Hilfe vorenthalten wurde und nicht alle Möglichkeiten ausgeschöpft wurden, um sie auf den gleichen Wissens- und Lebensstand zu versetzen. Ihr Herz zieht sich zusammen bei der Vermutung, wie es in diesen Menschen ausgesehen haben muss. Welchen geistigen Reifestand mussten diese gehabt haben, und wie groß muss deren Interesselosigkeit gewesen sein, um selber wie die Maden im Speck zu leben und zuschauen zu können, wie andere jämmerlich verreckten?

Kinder ohne Bildung, Kinder ohne eine Chance auf ein glückliches und erfülltes Leben, dafür fehlt ihr jedes Verständnis. Ja, sicher, sie erinnert sich an Henrys Worte und er wird sicher recht haben, wenn er es so erklärt, dass sich früher die Menschen nicht mehr miteinander verbunden fühlten. Daraus ist wohl diese Gleichgültigkeit erwachsen.

Und trotzdem oder vielleicht ja auch gerade deswegen: wie einsam mussten sich die Menschen gefühlt haben, wenn sie sich so abgeschnitten von den anderen erlebten? Wie konnten sie es aushalten, gegeneinander zu kämpfen und sich seelisch und physisch zu verletzen, ja manchmal sogar zu töten? Und immer wieder geht ihr durch den Kopf, dass es so viele Menschen gegeben haben soll, die nicht lesen und nicht schreiben konnten. Sie erinnert sich gut, wie es bei ihr war. Sie war ungefähr zwei Jahre alt, als sie danach verlangte, die Buchstaben und Zahlen zu lernen. Und sofort war jemand aus der Lebensgemeinschaft zur Stelle, um sich mit ihr zu beschäftigen und es ihr beizubringen.

Manchmal waren auch die beiden anderen Kinder, Lilly und Ben, aus der Lebensgemeinschaft dabei. Aber oft war sie alleine und konnte in ihrem eigenen Rhythmus und in ihrem eigenen Tempo lernen. Eine Schule hat sie dafür nicht besucht. Schule, das Wort klingt so fremd in ihren Ohren. So etwas gibt es nicht mehr. Die Kinder lernen als erstes mit Buchstaben und Zahlen umzugehen, damit sie lesen und schreiben können und dann bestimmt ihr ganz spezielles Interesse, was sie damit anfangen wollen. Die Kinder entscheiden, was sie lernen wollen und auch wie. Dieses erste Lernen findet immer in den Lebensgemeinschaften statt. Dafür müssen die Kinder noch nicht ins Bildungshaus, denn dafür sind sie noch zu klein. Vielleicht sind die Bildungshäuser so etwas, wie die früheren Schulen, denkt sie. Sie hat irgendwann davon gehört, dass in diesen Schulen allen Kindern dasselbe beigebracht wurde und allen zur gleichen Zeit. Sie muss schmunzeln. Wie konnten die nur glauben, dass dies die richtige Methode ist, um der Intelligenz und den Neigungen ihrer Kinder gerecht zu werden?

Aus Erzählungen weiß sie auch, dass damals jede Arbeit der Kinder bewertet wurde und dass es dafür bestimmte Kategorien gab. Kategorien von sehr gut bis schlecht. Wie kann etwas, das ein Kind produziert, schlecht sein? Vielleicht war es nicht das, was die Erwachsenen damals erwartet haben, aber ging es ihnen denn nur darum, dass die Kinder den Erwartungen der Erwachsenen gerecht wurden? Was für ein kurioser Gedanke, denn dann müssten die Kinder ja in der Vergangenheit ihrer Eltern leben und altes, vielleicht sogar überholtes Wissen lernen. Was für ein schräger Einfall und vor allem wie unproduktiv. Merlina schüttelt mit dem Kopf und als sie sich dessen bewusst wird, bemerkt sie, dass die Dame neben ihr im Zugabteil sie lächelnd, aber auch verwundert, ansieht.

„Sie wirken sehr in Gedanken vertieft, aber diese scheinen Ihnen nicht besonders zu gefallen."

„Ja, da haben Sie recht. Ich beschäftige mich in diesen Tagen mit den alten Zeiten vor der Rückkehr des Weiblichen Prinzips und gerade habe ich über das Schulsystem dieser alten Zeit nachgedacht. Wie konnten die denn damals wirklich glauben, dass sie die Fähigkeiten ihrer Kinder auf diese Art und Weise fördern konnten?"

„Oh, das ist eine sehr kluge Frage. Ich bin noch im alten System eingeschult worden und habe die Umstrukturierung mitgemacht. Wir kannten es vorher ja nicht anders, und die Menschen haben diese Methode über Jahrhunderte für richtig gehalten. Sicher gab es immer auch Stimmen, die Veränderungen wollten. Ja, es gab sogar einige andere Richtungen. Eine war die Richtung der Anthroposophen, die sehr häufig Spott auf sich zog. Ich wäre gerne dort zur Schule gegangen. Aber nachdem die Krise überstanden war, bekamen wir es ja noch besser und plötzlich waren die Anthroposophen die Rückständigen."

Die Dame kichert vor sich hin. Ganz offensichtlich genießt sie die Erinnerungen an ihre Ausbildungszeit und macht keine Anstalten,

das Gespräch weiterzuführen. Merlina lehnt sich wieder in ihren Sitz zurück, und schon beginnt ihr Gedankenkarussell eine neue Runde und führt sie wieder in ihre eigene Geschichte. Als sie dann lesen und schreiben und mit Zahlen umgehen konnte, durfte sie mit allen anderen in die Bildungshäuser. Dort waren aber nicht nur Kinder. Dort trafen sich alle Menschen, egal welchen Alters. Ihre Gemeinsamkeit war das jeweilige Thema, ihr jeweiliges Interesse, denn letztlich ist es doch egal, ob jemand zehn oder fünfzig ist, wenn er beginnt, sich mit einem neuen Thema zu beschäftigen.
Das Angebot in den Bildungshäusern ist so vielfältig, wie es Möglichkeiten zu lernen gibt. Dort kann man Vorträge und Seminare besuchen. Es gibt Bücher und das Internet. Es gibt Arbeitsgruppen und Projekte, und es gibt die Möglichkeit, auch einzeln zu lernen und zu vertiefen. Niemand muss sich fest anmelden oder eine bestimmte Bildungsvoraussetzung haben und schon gar nicht ein bestimmtes Alter. Alles was zählt ist das Interesse und die Neugier.
Merlina stellt sich gerade vor, in diesen Runden käme jemand auf die Idee, eine Aussage oder die Leistung eines anderen zu bewerten. Wie die anderen wohl schauen würden? Sie grinst in sich hinein. Darum geht es doch gar nicht. Es geht nicht darum, dass irgendjemand einen anderen bewertet. Es gibt doch immer Menschen, die über ein Gebiet mehr wissen als andere - was ist daran zu bewerten und vor allem wie? Es ist selbstverständlich für sie, dass die, die mehr wissen, es den anderen weitergeben. So ist die Gesellschaft aufgebaut. Jeder gibt an einer Stelle und jeder nimmt an einer anderen. Das ist ein kosmisches Prinzip. Sie hat gelernt, dass jeder Mensch für seinen inneren Ausgleich von Geben und Nehmen zuständig ist, um gesund und zufrieden leben zu können. Und sie erlebt sehr selten etwas anderes.
Das Gesetz, dass jeder nur so viel nimmt, wie er auch geben möchte, ist für sie kein Gesetz mehr, sondern eine Lebenseinstellung, die aus ihrer Sicht gut funktioniert und ein hohes Maß an Balance in das Leben der Menschen gebracht hat.
Wenn wirklich mal ein Ungleichgewicht entsteht und jemand mehr gibt oder auch mehr nimmt, so wird es liebevoll von den anderen der Lebensgemeinschaft beobachtet. Es ist meist ein Zeichen dafür, dass diesem Menschen etwas Wesentliches, etwas Existentielles fehlt. Wenn das Gleichgewicht nach einer gewissen Zeit immer noch nicht wieder ins Lot kommt, dann kann der oder die Betroffene sicher

sein, dass die Gemeinschaft hilfreich und begleitend zur Stelle ist. Manchmal passiert es, dass Menschen das Gefühl verlieren, ein Teil des Ganzen zu sein, dann ist die Gemeinschaft da, um zu tun, was sich diese Menschen wünschen. Die innere Ausgewogenheit ist die Grundlage für das friedliche und liebevolle Zusammenleben der Gesellschaft geworden.

Die Lautsprecherdurchsage kündigt an, dass Merlina in wenigen Minuten wieder zu Hause ist.

Auf ihrem Weg zum Gemeinschaftsanwesen trifft sie Grandma und Jakob auf deren Abendspaziergang und sie ahnt, dass dies kein Zufall ist. „Hallo, Merlina, wir haben uns fast gedacht, dass du mit diesem Zug heimkommst. Wie war dein Tag?" Grandmas Stimme zeigt ihr ein weiteres Mal, wie willkommen sie ist - bei Grandma und überhaupt auf dieser Welt.

„Oh, danke, es war wunderbar. Henry und Luna sind so liebenswerte Menschen, besonders Luna habe ich sofort in mein Herz geschlossen, was für eine charismatische Frau.... toll." Dann macht Merlina eine Pause und nach ein paar Schritten fährt sie fort. „Ich habe so viele Eindrücke mitbekommen, aber heute kann ich nicht mehr darüber sprechen. Die müssen sich erst einmal setzen. Mir schwirrt mein Kopf und die Gedanken fahren in ihm Karussell. Es war sehr beeindruckend und ich würde mich sehr freuen, die beiden wiederzusehen. Ich habe sie zu unserem nächsten Familienfest eingeladen. Das war doch sicher auch in deinem Sinn, Jakob, oder?"

„Ja, wunderbar!"

„Du, Jakob, auf der Rückfahrt sind mir immer wieder die Themen Bildung und die damals fehlenden Geldmittel für die armen Länder durch den Kopf gegangen... bist du morgen noch hier? Können wir morgen noch einmal über das Thema Geld reden?"

„Ich bleibe noch die nächsten Tage hier und wir können gerne über dieses Thema reden, schließlich war ich damals Banker. Übrigens, bis zur Bankenkrise ein sehr angesehener Beruf. Geld war sozusagen mein beruflicher Lebensinhalt." Jakob grinst und schaut Grandma Quiery dabei verschmitzt an.

„Also dann bis morgen, ihr beiden Lieben. Ich gehe jetzt sofort in mein Zimmer, es war ein Tag mit unglaublich vielen Impulsen, die ich erst einmal sortieren muss." Damit entschwindet Merlina aus ihrem Blickfeld und lässt sie zurück.

Genau wie ein paar Tage zuvor treffen sich Merlina und Jakob wieder nach dem Frühstück auf der großen Terrasse. Heute ist das Wetter nicht ganz so schön, doch es ist immer noch warm genug, um die Zeit draußen zu genießen.

„Oh, meine Liebe, ich weiß im Moment gar nicht so richtig, wo ich anfangen soll. Das Thema Geld hat eine lange Tradition und ist ein sehr vielfältiges Gebiet. Schon vor Jahrhunderten beschloss man, das Tauschgeschäft anders und, wie man glaubte, durch Geld gerechter zu gestalten.

Dazu kam, dass die Herrscher der Antike ihre Köpfe auch gerne auf Münzen sahen und sich so für die Nachwelt verewigen ließen. Und im Grunde war dagegen auch gar nichts einzuwenden, denn über viele Jahrhunderte war Geld auch mit einem echten Gegenwert versehen. Man hatte Münzen aus edlen Metallen in der Hand und alles war durchaus überschaubar. Tauschte man früher Ware gegen Ware und später Ware gegen Geld, so entstand nun eine weitere Variante, die eine Bezahlung ohne Tausch ermöglichte und die Voraussetzung für eine Arbeitsteilung erschuf. Wie sollten die Menschen entlohnt werden, wenn sie keine Ware herstellten, sondern nur Teile davon? Das Geld löste dieses Problem.

Aus den Münzen wurden Scheine, und damit fing eine neu Ära an, die auch durch den Gedanken an Kredite hervorgerufen wurde. Kredite hatten nichts mehr mit Waren zu tun, sondern konnten nur mit einem neutralen Zahlungsmittel beglichen werden. Nun war es nur noch ein Stück Papier, dem die Menschen einen fiktiven Wert gaben, und es veränderte sich offensichtlich auch eine Menge in den Köpfen und dann, irgendwann in der Vergangenheit, hat sich jemand ausgedacht, aus dem „echten" Geld eine Art Buchgeld zu machen. Unterstützt durch den bargeldlosen Bankverkehr bekam man nur noch einen Zettel, auf dem stand, wieviel Geld nun jemand besitzen würde, ohne dass er es in der Hand hielt oder ohne dass dieses wirklich vorhanden sein musste.

Du weißt ja, dass für eine gesellschaftliche Entwicklung immer mehrere Faktoren eine Rolle spielen. In den 30er und 40er Jahren des letzten Jahrhunderts spielte auch der zweite Weltkrieg eine psychologische Rolle in diesem Geschehen. Die Generationen, die

die Zerstörung miterlebten und unter großen Entbehrungen und mit sehr viel Anstrengung danach das sogenannte Wirtschaftswunder der westlichen Länder hervorgebracht hatten, prägten einen Spruch, der die nachfolgenden Generationen nachhaltig beeinflussen sollte. Sie rechtfertigten ihre Anstrengungen nicht nur mit dem eigenen Wunsch nach Wohlstand und finanzieller Sicherheit, sondern sie erweiterten es und bezogen auch ihre Kinder mit ein.

So wurde es zu einem geflügelten Ausdruck, zu sagen, dass es ihre Kinder einmal besser haben sollten als sie selber. Es war nicht wirklich ganz klar, was die Menschen konkret damit meinten, aber so viel schien deutlich zu werden, in erster Linie handelte es sich um ein materiell „Besseres".

Die Kriegserlebnisse der Vergangenheit erinnerten viele Menschen immer und immer wieder an ihre Ängste. Um diese peinigenden Ängste in den Griff zu bekommen, entstand ein unglaublich ausgeprägtes Sicherheitsdenken. Dieses Sicherheitsbestreben wurde wie ein wärmender Mantel über die Ängste gelegt und rechtfertigte viele Handlungen und Versäumnisse, vor allem aber entstand daraus ein neuer Industriezweig: das Versicherungswesen. Und da die Menschen damals über Jahrhunderte hinweg durch das mechanistische Welt- und Menschenbild keine Verbindung mehr zur Natur spürten, konnten diese Ängste leicht geschürt und am Leben erhalten werden.

Du kannst es dir kaum vorstellen, man konnte sich gegen jedes nur erdenkliche Risiko versichern lassen, und so machten große Versicherungskonzerne aus den Ängsten der Menschen ein lukratives Geschäft. Als die Zeiten besser wurden, gab es Strömungen, die bemüht waren, die Ängste weiter am Leben zu erhalten und schürten sie immer aufs Neue. Irgendwie hatten die Menschen verlernt, sich um den Abbau ihrer Ängste selbst zu kümmern.

Daraus erwuchs eine nachkommende Generation mit einem noch stärkeren Sicherheitsbedürfnis und einem daraus resultierenden Wunsch nach einer totalen Risikominimierung. Zu diesen vermeintlichen Sicherheiten gehörte es auch, Geld zu haben. Je mehr Geld jemand besaß, desto sicherer empfand er sich und sein Leben. Dies jedenfalls glaubte ein großer Teil der Bevölkerung, und ein Fünkchen Wahrheit war ja auch dran. Für alles, was du damals tun wolltest, brauchtest du Geld.

Außerhalb privater Gefühle gab es nichts mehr umsonst. Die

Menschen machten sich Sorgen, ob sie die Raten für ihre Häuser bezahlen, ob sie ihre Kinder auf gute Schulen schicken und ob sie sich einen Urlaub leisten könnten. Sie arbeiteten nicht, weil ihnen die Aufgabe Freude oder Befriedigung bereitete, sondern weil sie Geld verdienen mussten, um in dieser Gesellschaft ein Dach über dem Kopf zu haben, den Lebensunterhalt zu bestreiten und mit ihren Freunden mithalten zu können. Und das war sehr, sehr schwierig geworden, weil das bestehende Zinssystem sich verselbständigt hatte. Im Laufe der Jahrzehnte war die Exponentialkurve der Zinsen ins Unermessliche geschossen. Das System, in dem auch auf Zinsen wieder Zinsen gezahlt werden mussten, war unüberschaubar geworden. Damals hat mal jemand ausgerechnet, dass in den vorhandenen Preisen - egal für was - circa siebzig Prozent Zinsen enthalten waren. Und so arbeiteten die Menschen fast rund um die Uhr, um diese Kosten aufzufangen und ihren Lebensstandard halten zu können. Vielen war das System aber gar nicht bewusst. Sie wunderten sich nur, warum sie immer weniger für ihren Verdienst kaufen konnten. Geld entschied häufig darüber, was du im Leben zu erwarten hattest. Die gesamte Wertigkeit hing am Geld und es war Gesprächsthema, egal wohin du kamst. Wenn du die Zeitungen aufschlugst, dann hing jeder zweite Artikel ganz offensichtlich damit zusammen und bei den anderen hätte man nur dahinter schauen müssen, um zu erkennen, dass auch dort eine monetäre Motivation steckte. Raub, Mord, Erpressung, Korruption und Betrug, alles Folgen des Geldes. Ohne Geld hätte niemand einen Vorteil von diesen Dingen gehabt. Überhaupt war das Vorteilsdenken so ausgeprägt, dass es das Leben vieler Menschen bestimmte. Geld verlor seinen Sinn als Mittel zum Zweck. Die Gesellschaft gab ihm einen eigenen Wert und so wurde es zum Selbstzweck für viele. Je mehr sie sich um Profit kümmerten, desto einsamer wurden sie innerlich und diese innere Einsamkeit ließ sie sich noch mehr um materielle Aspekte ihres Lebens kümmern. Ein unheilvoller Kreislauf hatte begonnen, der die Menschen voneinander und von sich selbst entfernte.
Als die Menschen ganz früher noch ihre Waren tauschten oder in ihren Gemeinschaften in Form von Geschenken weitergaben, da war eine Vorteilsnahme undenkbar, ja sie wäre - so wie in unseren Zeiten jetzt - moralisch verwerflich und unehrenhaft gewesen.
Noch zu Beginn des Christentums wurde ein Vorteil als Wucher bezeichnet und stand unter Strafe. Erst als es nur noch um den Profit

einer Sache, einer Aktion ging, wuchs die Gier in den Menschen und nach einer Zeit hatte sich die Gier verselbstständigt und alle Ehre war vergessen. Es war ihnen egal, wenn ihr eigener Profit auf Kosten eines anderen ging.
Geldmachen und Geldanhäufen war zu einer krankhaften Eigenschaft der westlichen Welt geworden, und es beschäftigte die Menschen tagein und tagaus und nahm ihnen die Freiheit; die Freiheit, sich mit anderen Dingen zu beschäftigen, die nichts mit Geld zu tun hatten. Viele soziale Projekte wurden nicht verwirklicht, weil sie sich nicht rechneten, weil sie keinen Profit brachten.
Wenn ich so darüber nachdenke, dann war das schon eine armselige Zeit, eine sehr armselige Zeit."
Jakobs Miene hat sich verfinstert während er die letzten Worte sprach, um seinen Mund hat sich eine tiefe Falte gezogen. Er schaut zu Merlina und fährt fort.
„Wir haben es jetzt wirklich geschafft, meine Kleine. Damals hätten wir nie geglaubt, dass es funktionieren könnte. Dieser innere Zweifel und eine gewisse Geldhörigkeit waren unser größter Hinderungsgrund. Wir konnten es uns in unseren Köpfen einfach nicht vorstellen, dass eine Welt ohne Geld funktionieren würde. Die Blockade saß so fest in unseren Köpfen. Wir waren so tief in dem Glauben verwurzelt, dass es auf dieser Welt ohne Geld nicht funktionieren könnte, manche dachten wirklich, Geld wäre ein Naturgesetz. Deine Großmutter hat damals die Kritiker der Idee gefragt, woher sie denn wissen wollten, dass es nicht funktionieren würde? Und natürlich gab es darauf keine wirkliche Antwort. Die Antwort war, weil wir es eben glauben, dass es nicht funktionieren könne. Um solche Dinge umzusetzen, brauchte es eine andere Reife, als die Menschen sie damals hatten. Sie argumentierten immer wieder damit, dass zukünftige Entwicklungen nicht mit den Gedanken der Vergangenheit zu realisieren seien.
Die Geschehnisse der damaligen Zeit gingen mit einer erhöhten Reifung einher, die mit den verdichteten Energien um 2012 zusammenhing. Erst das erweiterte Bewusstsein dieser Zeit ermöglichte es, einen Paradigmenwechsel vorzunehmen und neue Werte zu installieren.
Das war ein ziemlicher Kraftakt für alle, der durch die entstandene Not noch verstärkt wurde. Wenn es an den nötigsten Dingen fehlt, kann Geld nicht satt machen und nicht wärmen. Wenn du nur durch

einen eigenen Beitrag und eben nicht mit einem Stück Papier überleben kannst, dann sortieren sich die Dinge neu.
Das Geld hatte sein Machtpotential verloren und an seine Stelle trat der gemeinschaftliche Beitrag. Überleben in den Zeiten war nur in der Gemeinschaft möglich. Viele erlebten diesen Umstand als einen Rückfall in mittelalterliche Zeiten. Die Weisen und Klugen der Zeit erkannten aber sofort die phänomenale Chance für die Zukunft. Nun bestimmte nicht mehr das Geld den Tagesablauf, sondern das Leben.
Das Leben entschied darüber, was notwendig war.
Wenn die Frage nach dem reinen Überleben auftaucht, tritt der Gedanke an Profit in den Hintergrund. Im Verhältnis gab es viel mehr Menschen, die ohnedies kein Geld hatten, und die Mehrzahl derer ließ keinen Zweifel daran, dass eine neue, soziale Weltordnung entstehen würde."
Kleine Regentropfen fallen auf den Tisch. Das Wetter hat sich während ihres Gespräches in den vergangenen Stunden langsam verändert und so beschließen die beiden, sich an den Kamin im Innern des Hauses zu setzen. Als sie die Terrassentür öffnen, sehen sie, dass Philipp bereits vor dem Kamin sitzt und genüsslich eine Pfeife raucht.
Philipp ist Gesundheitsspezialist und verbringt seine Beitragszeit im gleichen Gesundheitszentrum wie Merlina. Er ist ein Freund ihrer Mutter, und als ihr Vater kurz nach ihrer Geburt starb, hat Philipp für Merlina den Platz eines Vaters eingenommen. Er wurde nicht der neue Mann ihrer Mutter, aber Merlina hat ihn als Vater für sich adaptiert. Philipp ist groß und sehr schlank, schon fast etwas schlaksig. Auch heute noch ist sie tief mit ihm verbunden und liebt ihn sehr. In seiner Nähe zu sein, vermittelt ihr ein Gefühl von Verstandensein und Geborgenheit. Er ist ein kritischer und dennoch sehr wohlgesonnener Mann, dem sie einen großen Teil ihres Männerbildes verdankt und dafür ist sie ihm sehr verbunden.
Sie geht ihm mit schnellen Schritten entgegen und er öffnet seine Arme, als wäre sie immer noch ein Kind. Er umschließt sie, hebt sie hoch und dreht sie herum, als hätten sie sich seit Wochen nicht gesehen. Das ist ein kleines Ritual, dass sich die beiden erhalten haben. Es tut ihnen einfach gut und sie wollen nicht darauf verzichten - warum sollten sie auch.
„Hallo, meine Tochter. Was habt ihr beide so intensiv zu besprechen?

Ich habe euch seit einiger Zeit zugesehen und es sah für mich aus, als wärest du in die Erzählung von Jakob richtig eingetaucht."
„Das hast du sehr gut beobachtet. Jakob erzählte mir aus den alten Zeiten. Ich möchte zur 50-Jahrfeier einen Vortrag halten und beschäftige mich seit ein paar Tagen ganz intensiv mit dieser Thematik. Und inzwischen ist mein Interesse derart angewachsen, dass ich gar nicht genug davon bekommen kann. Was ich davon wirklich für den Vortrag benötige, kann ich im Moment gar nicht erkennen. Aber das ist mir auch egal. Die Veränderungen faszinieren mich und ich möchte noch so viel mehr wissen."
Mittlerweile ist auch Jakob dazu gekommen. Sein Gesicht hat wieder die weichen, freundlichen Züge angenommen. Von der Anspannung der letzten Momente auf der Terrasse ist nichts mehr zu erkennen. Strahlend begrüßt er Philipp.
„Kommt, setzt euch doch zu mir. Vielleicht kann ich ja auch noch etwas dazu beitragen. Ich war zwar zur damaligen Zeit noch ein kleiner Junge, aber mein Vater hat mir viel erzählt. Er war Direktor eines Krankenhauses und sehr engagiert im Gesundheitswesen, was ja damals doch eher ein Krankheitswesen war und erst in unseren Zeiten zu einem wirklichen Heilwesen geworden ist."
„Das ist eine wunderbare Idee, Philipp. Merlina setzt sich zu dir und du erzählst ihr darüber, und ich gehe und schaue, wo Grandma Quiery ist. Wir wollen heute Nachmittag noch in eine Ausstellung gehen." Mit diesen Worte verabschiedet sich Jakob und lässt die beiden allein.
„Ich hab schon lange nicht mehr über die alten Zeiten gesprochen. Es ist so wunderbar in der Gegenwart zu leben, dass dafür nur Raum entsteht, wenn jemand - so wie du jetzt - danach fragt."
Merlina macht es sich in den weichen Kissen vor dem Kamin bequem, und ohne etwas zu sagen schaut sie erwartungsvoll zu Philipp hinüber. Der schmunzelt in sich hinein und nach einer kleinen Gedankenpause, so als müsse er erst nach den Erinnerungen suchen, beginnt er seine Erzählung.
„In dieser Zeit hatten die Menschen zumeist verlernt, mit sich selber so umzugehen, dass es ihnen gut ging und dass sie gesund blieben. Über Jahrhunderte hinweg glaubten sie, dass ausgebildete Menschen, die sie Ärzte nannten, besser wüssten, was für sie und all das, was sie waren, das Beste sei. Mit der Zeit veränderten sich die Wissenschaften. Je größer das Wissen wurde, desto mehr Spezialgebiete

entstanden. Bald entstand Konkurrenzdenken innerhalb der unterschiedlichen Disziplinen und die einzelnen Wissenschaftler hielten ihre Forschungsergebnisse geheim, um zu verhindern, dass andere davon profitieren konnten. Von einer interdisziplinären Zusammenarbeit war nicht die Rede und so entstand das Bild eines Menschen, der in verschiedene Bereiche eingeteilt werden konnte und auch wurde. Diese isolierten Bereiche machten aus dem Menschen eine Art Maschine, die man in Einzelteile zerlegen konnte und wenn man sie nur richtig wieder zusammensetzen würde, dann würde schon alles wieder in Ordnung kommen. Die Sprache der Akademiker und Wissenschaftler war so kompliziert - was sicher nicht unbeabsichtigt war - dass der normale Mensch sie kaum mehr verstand oder nur, wenn er sich in sein Einzelthema hineingearbeitet hatte. Dies aber wiederum hatten die Fachleute gar nicht gerne, weil sie den Status der Wissenden nicht abgeben wollten.

So entstand eine Kluft zwischen den Ärzten und ihren Patienten und eine weitere zwischen den Patienten und ihren Krankheiten. Wer dieses Denken übernahm und sich damit selber als eine Art Maschine ansah, die repariert werden konnte, der war irgendwann bereit, die Verantwortung nicht nur für die Reparatur abzugeben, sondern auch die Instandhaltung in andere Hände zu legen.

Das setzte sich immer weiter fort, bis die Verantwortung für die eigene Gesundheit an die Ärzte abgegeben wurde. Die Menschen bewegten sich nicht mehr viel, aßen fette Sachen, rauchten Tabak zu jeder Zeit und tranken Alkohol, und wenn sie Beschwerden hatten, dann gingen sie zu ihren Ärzten und verlangten von ihnen, dass sie sie wieder gesund machen sollten.

Auch die Art der ärztlichen Behandlungen veränderte sich. Alte Ärzte hatten manchmal noch die Fähigkeit, allein durch das Anschauen der Patienten herauszufinden, was diesen zu fehlen schien. Sie konnten durch Abklopfen und Berühren feststellen, wenn sich Organe verändert hatten und sie waren sogar oft noch idealistisch und hatten echtes Mitgefühl. Sie hörten ihren Patienten zu, wenn sie Probleme hatten, weil sie wussten, dass Krankheit aus dem Kummer der Seele kam. Diese alten Ärzte waren ohnehin auf ihre Erfahrungen und eigenen Methoden angewiesen, weil die Entwicklung von Gerätschaften erst später Einzug hielt.

Als dann modernere Untersuchungsmethoden entwickelt wurden, veränderte sich das Bild. Mit der Zeit war das Krankheitswesen zu einem lukrativen Geschäft geworden. Die sogenannte Pharmaindustrie wurde zu einem gigantischen Industriezweig, der immer neue Medikamente entwickelte. Das waren jahrelange und sehr kostspielige Prozesse, und natürlich ging es dabei nicht vordergründig um die Gesundung der Menschen, sondern darum, so viel Profit wie möglich zu machen. Und so geschah es nicht selten, dass nach vielen Jahren intensiver Forschung festgestellt wurde, dass die Entwicklung eines bestimmten Medikamentes in eine falsche Richtung gegangen war und das entwickelte Präparat nicht gegen die vorgesehene Krankheit wirkte. Damit nun nicht die ganze Arbeit umsonst gewesen sein sollte, schaute man sich die Wirkstoffe und deren Wirkweise noch einmal genauer an und versuchte, sie in anderer Form auf den Markt zu bringen. Manchmal wurden dafür sogar Krankheiten erfunden, damit das Medikament dafür eingesetzt werden konnte. So war es sicher kein Zufall, dass die damals bereits existierende, aber anders arbeitende, Weltgesundheitsorganisation das Klimakterium der Frau zur Krankheit ernannte und dies genau in dem Jahr tat, als die Pharmaindustrie in der Lage war, das weibliche Hormon Östrogen auch künstlich herzustellen. Von Stund an wurde den Frauen eingeredet, sie müssten sich in der Zeit des Klimakteriums einer Hormonbehandlung unterziehen. Viele Frauen, insbesondere in den westlichen Industriestaaten, glaubten den Versprechungen der Ärzte und Pharmafirmen und erhofften sich, von den Nebenwirkungen der Wechseljahre befreit zu werden.

Die Pharmaindustrie versprach den Frauen, dass sie weniger herzinfarktgefährdet und weniger der Gefahr von Brustkrebs ausgesetzt seien und dass sie sich durch die Einnahme der Hormone vor einer Knochenporösität schützen könnten. Es wurden groß angelegte Studien dazu aus der Taufe gehoben. Immerhin war die Frau in den Wechseljahren für die Gynäkologie so gut wie verloren, weil sie aus der Zeit der Mutterschaft herausfiel. Und so war es ein wirkungsvoller Trick, sie über die Hormonbehandlung wieder zurück in die Praxen zu holen.

Aber zurück zu den groß angelegten Studien. Sie waren als Langzeitstudien geplant, weil die Industrie die Langzeitwirkung der Hormone nachweisen wollte. Leider passierte etwas völlig Unerwartetes. Nach zwei Jahren musste ein Teil der Studien abgebrochen werden, weil in der Gruppe der behandelten Frauen so ziemlich alles schief lief. Im Gegensatz zur Kontrollgruppe der medikamentefreien

Probandinnen gab es eine auffallende Häufigkeit von Infarkten, die in Einzelfällen zum Tode führten. Später dann wurde festgestellt, dass die Hormone zwar vorübergehend den Kalkabbau in den Knochen aufhalten konnten, aber nach Absetzen der Hormone - und das musste ja irgendwann geschehen - die behandelten Frauen sehr schnell auf den Stand derer kamen, die sich nicht mit Hormonen behandeln ließen. Im Grunde war also bewiesen, dass alles nur ein großer Schwindel war, der Geld in die Taschen der Ärzte und Industrie spülen sollte. Trotz intensiver Bemühungen der zuständigen Industrie konnte die Veröffentlichung dieser Studien nicht verhindert werden. Dennoch haben viele Ärzte die Ergebnisse einfach ignoriert und weiterhin Hormontherapien angeboten und durchgeführt.

Es gab Frauen, die sich gerne mit Hormonen behandeln ließen, weil sie sich der natürlichen Entwicklung des Klimakteriums nicht stellen wollten und weil sie die Phase der körperlichen Umstellung hinauszögern wollten. Inzwischen waren die Menschen derart daran gewöhnt, dass gegen jeden Zustand des Unwohlseins von der Industrie eine Pille angeboten wurde, dass sie auch diesen Schritt ins Alter, wenn überhaupt, nur ohne Beeinträchtigungen gehen wollten. Insbesondere viele Frauen hatten große Angst vor dem Verlust ihrer Attraktivität.

Die Menschen hatten insgesamt total verlernt, dass Unwohlsein und Schmerz Signale sind und damit, wie alle anderen Zeichen des Körpers auch, Symptome, die darauf hinweisen wollen, dass etwas nicht im Gleichgewicht ist. Da aber niemand mehr Unwohlsein oder gar Schmerzen aushalten und schon gar nicht mehr dahinter schauen wollte, wurden Schmerzen einfach beseitigt. Die große Chance, die darin lag, der Ursache auf die Spur zu kommen, wurde in der damaligen Schulmedizin nach und nach völlig ausser Acht gelassen.

Die Menschen waren so fasziniert von den wissenschaftlichen Methoden, dass über Jahrhunderte alle anderen Heilmethoden, die es bereits seit Tausenden von Jahren gab, einfach übersehen und in den Bereich des Nichtbeweisbaren geschoben wurden. Es galt nur noch, was beweisbar war. Eigentlich muss man aber sagen, es galt nur noch, was vermeintlich beweisbar war, denn auch die medizinischen oder pharmazeutischen Errungenschaften waren nur beweisbar, weil ihre Entwicklung statistisch festgehalten wurde. Wenn etwas dann hochprozentig wirksam war, galt es als bewiesen. Häufig aber war es

nicht bewiesen, warum eine Wirkung bestand und wie diese genau aussah.
Um die Menschen daran zu hindern, die sogenannten alternativen oder komplementären Heilweisen in Anspruch zu nehmen, hat sich die Lobby der Ärzteschaft und der Industrie ein System ausgedacht, in dem nur ihre eigenen Leistungen von einer gesetzlichen Krankenversicherung übernommen wurden. Dieses Krankenkassensystem war ein tolles Angebot für die Menschen. Sie zahlten einen regelmäßigen Betrag in diese Versicherung ein und hatten dann Anspruch darauf, dass die Kosten für ihre Behandlungen übernommen wurden und zwar völlig unabhängig davon, wie sie ihr Leben führten. Keiner fragte danach, wie sie sich ernährten oder ob sie sich selber Schaden zufügten. Jede „Reparatur" wurde bezahlt. Auch dieser Zustand verstärkte das Gefühl der Menschen, für ihre eigene Gesundheit nicht mehr zuständig zu sein. Und die Pharmaindustrie erfreute sich einer ungeheuren Wachstumsrate.
Der entstandene Kreislauf nahm eine immer schneller werdende Entwicklung an, die Kosten schossen in der Folge in die Höhe und so kam es, dass das ganze System kollabierte. Plötzlich sollten die Menschen wieder selbst Beiträge zu ihrer Gesundheit leisten und das sowohl finanziell als auch in Form von gesunder Lebensführung. Du kannst dir vielleicht vorstellen, welche Reaktionen dies in den Menschen auslöste. Viele, die vorsätzlich ihrer Verantwortung enthoben worden waren, entwickelten einen Anspruch, fühlten sich betrogen und konnten über einen langen Zeitraum nicht einsehen, dass sie nun wieder für etwas Verantwortung tragen sollten, von dem sie doch eingeredeter Weise gar nichts verstanden und für das sie über Jahrzehnte nicht zuständig waren.
Es entstand eine sogenannte Wellness-Welle. Die Menschen rannten in Sportstudios oder fuhren mit dem Auto zu Joggingtreffs. Im Rahmen dieser Mode entdeckten sie langsam wieder andere Möglichkeiten, sich gesund zu erhalten, bekamen wieder Zugang zu ihrem eigenen Körper oder vertrauten auf Jahrtausende alte Medizin.
Allerdings hatten die Regierungen Gesetze erschaffen, die die meisten anderen Maßnahmen außerhalb der Schulmedizin ins Reich der Scharlatanerie verwies und die deshalb streitbar, ja sogar strafbar waren, wenn die Menschen, die sie ausführten, nicht Ärzte oder Heilpraktiker waren. Und so entstand eine Grauzone sehr erfolgreicher Behandlungen unter dem Deckmantel einer Wellnessbewegung.

Um die Geschäfte auszudehnen, wurden immer mehr Krankheitsbilder erfunden. Das ging sogar soweit, dass Kinder, die nicht stromlinienförmig in die Gesellschaft passten, weil sie für das Bildungssystem zu aktiv waren oder sich dem System durch Verweigerung entzogen, mit einem bestimmten Drogenmedikament behandelt wurden, um sie in die Gesellschaft einzuordnen. Es gab eine Zeit, in der mehr als zwanzig Prozent der Schulkinder diese oder andere Medikamente verschrieben bekamen. Nur wenige haben sich gefragt, ob diese Entwicklung nicht ein Zeichen dafür war, dass das System nicht mehr in Ordnung sei. Es gab bereits damals eine spirituelle Erklärung für diese Kinder. Sie waren inkarniert, gerade um das System zu verändern. Eine Zeit lang waren sie als Indigo- oder Kristallkinder bekannt. Diese neue Generation war die Vorhut für eine neue Zeit. Sie waren unbequem, weil so aktiv und unangepasst. In den Augen des Systems waren sie hyperaktiv oder lethargisch und das strengte sowohl die Eltern, als auch die Lehrer an. Aber statt zu hinterfragen, wie man das System verändern könnte, hat man einfach die Kinder ruhig gestellt. Es gab viele Menschen, die dies in der damaligen Zeit bereits als eines der großen Verbrechen an der Zukunft der Menschheit sahen. Das Medikament, das den Kindern verabreicht wurde, hatte Bestandteile eines damals verbotenen Rauschgiftes. Es war eine traurige Sache, doch sie passte in das Verständnis von Gesundheit und Krankheit in dieser Zeit. Das, was wir heute machen, nämlich unser Augenmerk auf die Vorbeugung gegen Krankheiten und auf eine gesundmachende und gesunderhaltende Lebensführung zu legen, das wurde damals - für viele unverständlich - aus Kostengründen abgelehnt. Nur etwa ein Prozent der immensen Gesamtausgaben für die Krankheiten der Menschen wurde zur Prophylaxe verwendet. Das Krankheitswesen glich einer riesigen Reparaturwerkstatt, in der niemand daran interessiert war, auf die Reparaturen zu verzichten. Aber dies war nicht die einzige absurde Entwicklung. Durch die Abspaltung des Körpers von Geist und Seele entstand ein pervertierter Körperkult. Jugendlichkeit wurde nicht mehr länger als die junge Blütephase eines Menschenlebens angesehen, sondern als wünschenswerter Dauerzustand im Leben der Menschen proklamiert. Das führte dazu, dass insbesondere den Frauen eingeredet wurde, dass sie jugendlich aussehen müssten, um den Männern zu gefallen. Falten waren nicht länger die Zeichen für Lebenserfahrung, sondern wurden mit lähmenden Giften im Gewebe bekämpft.

Dazu wurde ein Schönheitsideal im Bereich der Mode kreiert, das den Frauen suggerierte, sie müssen gertenschlank sein. Wenn man den Hintergrund der Modemacher aus der damaligen Zeit kennt, dann waren die Beweggründe klar. Die meisten Modeschöpfer waren homosexuelle Männer und schufen sich mit ihren Idealvorstellungen knabenhafte Frauen als Modelle. Vielleicht hätte dieser Umstand als Zeitgeist abgetan werden können, wenn nicht daraus Krankheitsbilder entstanden wären, die großen Einfluss auf die Gesundheit der Mädchen und Frauen - und in späteren Jahren auch auf Jungs und Männer - gehabt hätten. Um diesem unnatürlichen Schönheitsideal entsprechen zu können, entwickelten diese Menschen ein bestimmtes Essverhalten, das zu Essstörungen führte. Manche verweigerten Essen grundsätzlich, andere aßen und erbrachen es danach direkt wieder.

Obwohl niemand so ganz genau definieren konnte, was Gesundheit eigentlich sei und ob die Abwesenheit von Krankheit allein einen Menschen bereits zu einem gesunden Menschen machte, war es ein Thema, das die westlichen Völker beherrschte.

Während es in den Überflussgesellschaften eine Kostenexplosion im Gesundheitswesen gab, die die Staaten in den Ruin trieb, fehlte in den armen Ländern die allernötigste Versorgung. Krankheiten, die als längst ausgerottet galten, erschienen erneut aus der Versenkung. Dazu entwickelten sich neue Krankheiten, die epidemischen Charakter hatten.

Eines der größten Probleme bestand in der Verseuchung von Land, Wasser und Luft aufgrund der unbeschreiblichen Umweltvergiftungen, die unzählige Allergien auslösten. Es war das große Problem der damaligen Zeit, dass die Menschen sich in ihrem Dasein als Teil der Natur verabschiedet hatten und glaubten, sich über diese erheben zu können. Ihr Anspruch bestand darin, sich die Natur zum Untertan zu machen, sie auszubeuten und zu vergiften und sie vergaßen im Laufe der Jahrhunderte, dass sie selbst ein Teil dessen waren und somit sich selbst vergifteten und die Grundlage ihrer Existenz zu vernichten drohten. Erst die Zerstörung und das damit verbundene Chaos zwang die Menschen zur Besinnung. Der Zusammenbruch des kranken Gesundheitssystems der westlichen Industrienationen und die gleichzeitig damit einhergehende Dezimierung der Menschheit durch Infektionskrankheiten und Epidemien führte dazu, dass eine Rückbesinnung stattfand.

Es gab zu der Zeit noch einen weiteren Aspekt, der es den Menschen leichter machte, eine neue Denkweise zu entwickeln. Die Erde begab sich in das Zeitalter des Wassermanns. Die Schwingungen des Planeten wurden dichter und es wurde einfacher, Gedanken zu manifestieren. Die Menschheit tauchte in eine neue Dimension ein, die reifere Seelen hervorbrachte und andere Werte entstanden: die Werte, mit denen du heute lebst. Das hat auch im Gesundheitswesen zu einer Veränderung des Denkens geführt. Da das Geld abgeschafft war, nahmen Gier und Geiz rapide ab. Die Pharmaindustrie blieb zwar erhalten, strebte nun aber nicht mehr nach Profit, weil dieser keine Rolle mehr spielte. Das Weibliche Prinzip verbot die neuerliche Zusammenführung synthetischer Stoffe und so konzentrierte sich die Wissenschaft auf das vorhandene, natürliche Vorkommen in Pflanzen und Mineralien. Altes Wissen wurde zusammengetragen. Dort wo Lücken klafften, forschten die Menschen, um diese zu schließen.

Und je mehr sich das Weibliche Prinzip verbreitete, desto achtsamer wurden die Menschen miteinander. Die wenigen neu geschaffenen, aber umwälzenden Gesetze lehrten die Menschen langsam, nie mehr zu nehmen, als sie gaben. Für alle wurde immer deutlicher, dass ein Ausgleich im Geben und Nehmen die Grundlage für ein gesundes Leben und ein harmonisches Miteinander darstellt.

So ist es ja bis in unsere heutige Zeit geblieben. Jeder gibt nach seinen Talenten, Fähigkeiten und Möglichkeiten. Einen großen Teil der Freizeit verbringen wir damit, jemandem oder einer Gruppe von Menschen etwas Gutes zu tun oder die Geschenke der anderen in Empfang zu nehmen. Dadurch fühlen sich alle gesehen, geachtet und in ihrer Ganzheit wahrgenommen.

Die Seelen der Menschen konnten durch die Veränderungen damals langsam wieder auftanken und durch den liebevollen Umgang miteinander kam auch der Geist zur Ruhe. Endlich war die Menschheit auf dem Weg, die Worte der Bibel in die Tat umzusetzen: Liebe deinen Nächsten wie dich selber! Die großen Auswirkungen auf die allgemeine Lebenssituation aller kannst du am Zustand unserer heutigen Gesellschaft erkennen. Zufriedenheit ist eingekehrt und kaum jemand hat mehr so extreme Defizite, dass sie zu Krankheiten führen können. Dennoch gibt es viele Menschen, die sich weiterhin zu Gesundheitsexperten ausbilden lassen, einfach weil sie sich vom Wunder Mensch und seiner Komplexität angezogen fühlen und

weiter in dem Bereich forschen wollen. Geräte werden nur noch zu Forschungszwecken entwickelt. Die meisten Geräte zur Diagnoseerstellung für Menschen wurden abgeschafft und durch persönliche Techniken ersetzt. Alte Fähigkeiten und überlieferte Erkenntnsisse, die es ermöglichen, entstehende Krankheiten frühzeitig, also noch vor Sichtbarwerdung an den Organen, festzustellen, bevor sie diese verändern, wurden wiederentdeckt und weiterentwickelt.
Medikamentationen erfolgen nur in Formen ohne Nebenwirkungen. Der Mensch ist nicht länger eine Maschine, die aus Einzelteilen besteht, sondern wird wieder in seiner Ganzheit und Komplexität gesehen.
Die Forschung verbot sich selber, in die Natur einzugreifen. Gentechnologie entsprach und entspricht nicht dem Wertegefühl und wurde als Hybris des Menschen deklariert.
Es gibt keine prinzipiellen, lebensverlängernden Maßnahmen unter menschenunwürdigen Bedingungen mehr und so lernten die Menschen den Tod als das zu sehen, was er immer war: als Teil des eigenen Lebens, der das Ende eines Prozesses anzeigt und keineswegs Anlass zu übertriebener Traurigkeit gibt. Mit dem Bewusstsein, dass der Körper für dieses Mal seine Aufgabe bravourös erfüllt hat, danken die Menschen ihm und Seele und Geist dürfen sich verabschieden.
Es gibt keine Alters- und Pflegeheime mehr, in denen die Menschen bis zu ihrem Tod dahinvegetieren. Die meisten alten Menschen leben bis zu ihrem Abschied überwiegend gesund in ihren Familien oder in aktiven Gemeinschaften."
Philipp denkt für einen Moment an seine Mutter, die vor ein paar Wochen auf die andere Seite des Vorhangs gegangen ist. Das Lächeln, das auf ihrem Gesicht zurückblieb, hat es den Hinterbliebenen leicht gemacht, sie gehen zu lassen und die Trauer zu bewältigen.
„Das war ein ziemlicher Flug durch die Zeit. Was ich nicht so richtig verstanden habe ist, wieso die Menschen ihre eigene Gesundheit nicht an erste Stelle gestellt haben?"
„Wieso das ganz genau so war, kann ich ja auch nur vermuten, aber ich denke, dass es eben viel damit zu tun hatte, dass ihnen die Fähigkeit zur Gesunderhaltung abgesprochen und ihnen die Verantwortung für die eigene Gesundheit aus den Händen genommen wurde. Und ich vermute, dass es dem damaligen Gesundheitswesen auch ganz recht war, dass es so viele Kranke gab. Ihre Krankheiten erschienen wie eine Ware, mit der die Gesundheitsindustrie handelte.

Es müssen unvorstellbar hohe Gewinnsummen im Spiel gewesen sein. Paradoxerweise haben sich die Menschen in dieser Zeit bei jeder Gelegenheit Gesundheit gewünscht. Also, wenn jemand Geburtstag hatte oder zum neuen Jahr, immer stand der Wunsch an erster Stelle. Aber alleine daran kannst du ja schon erkennen, dass Gesundheit etwas Wünschenswertes war, von dem niemand mehr so richtig glaubte, es in den eigenen Händen zu halten. Wenn jemand gefragt wurde, was er sich für das nächste Jahr wünsche, so war es in den meisten Fällen Gesundheit. Man wünschte es sich so, als käme es von irgendwoher, als könnten andere es verschenken - völlig absurd."

„Philipp, weißt du noch, was damals die Menschen dazu bewogen hat, ihr Denken zu ändern?"

„Ich glaube, es gab nicht irgendein Ereignis, das dazu geführt hat. Es ist eine lange Entwicklungsphase gewesen. Und zu den Dingen, die ich eben schon erwähnt habe, kam noch etwas hinzu. Aber dafür muss ich etwas ausholen.

Die Entwicklung ging bereits vor dem großen Umbruch los. Anfang des vergangenen Jahrhunderts gab es einen Wirtschaftswissenschaftler in der damaligen UdSSR. Sein Name war Kondratieff, er hatte entgegen der üblichen Wirtschaftstheorien ein Modell der langen Wellen entworfen. Dieses Modell zeigte auf, dass wirtschaftlicher Aufschwung immer etwas mit neuen, tragfähigen Erfindungen oder Entwicklungen als Basisinnovation zu tun hatte, die dann über einen gewissen Zeitraum die Wirtschaft beflügelten und trugen. Es waren Zeiträume zwischen vierzig und sechzig Jahren, die immer einen Aufschwung, eine Zeit des Erhalts und einen Abschwung beinhalteten. Kondratieff begann bei seinen Berechnungen mit dem späten 18. Jahrhundert und beschrieb die erste Phase mit der Erfindung der Dampfmaschine. Dadurch konnte die damalige Produktion von Waren vervielfacht werden.

Der nächste Zyklus half dann eine andere Art von Verknappung zu beseitigen, nämlich die Frage, wie die vermehrt hergestellten Produkte an die Käufer kommen sollten. Mit Pferd und Wagen allein war das nicht mehr zu bewältigen. Mitte des 19. Jahrhunderts wurden infolge des Aufschwungs mehr Waren hergestellt, aber die Wege zur Verteilung waren zeitaufwendig und begrenzt. Die Herstellung von Stahl ermöglichte zeitgleich den Bau von Eisenbahnen und so konnten die produzierten Waren in größeren Mengen und mit weniger

Zeitaufwand verteilt werden. Der Abschwung dieser Periode kam, als das Schienennetz erstellt war und es nur noch einen marginalen Vorteil brachte, noch mehr vom selben zu erschaffen.

Die Zeit für einen neuen Zyklus war gekommen. Er war geprägt von den Erfindungen der Elektrotechnik und der Chemie und reichte bis in die Mitte des 20. Jahrhunderts. Gegen Ende des 20. Jahrhunderts bekam die Wirtschaft neue Impulse durch die Informationstechnik. Computer übernahmen die Aufgaben der Speicherung und Verteilung von Daten und Informationen.

Zu Beginn des 21. Jahrhunderts dann zeichnete sich bereits ab, dass es zu einem neuen Zyklus kommen musste, weil die Hardwareverteilung ihren Höhepunkt erreicht hatte. Fortan würde es mehr darum gehen müssen, das schier unüberschaubare Ausmaß an Informationen aufzubereiten und dem Verbraucher in kleinen Häppchen, je nach Bedarf, zu servieren. Es gab eine immer größer werdende Gruppe von Menschen in der Wirtschaft, die sich mit den Thesen von Kondratieff auseinandersetzte, und alle Anzeichen sprachen dafür, dass neben der Informationsaufbereitung das Gesundheits- bzw. Krankensystem der Gesellschaft das größte Wachstumspotential beinhaltete.

So kam es zur Deklaration, dass der nächste, der 6. Kondratieffzyklus mit dem Gesundheitswesen zu tun haben würde. Sehr bemerkenswert an der Wirtschaftsanschauung von Kondratieff war der zyklische Gedanke. Damals war das noch nicht so deutlich, aber er war bereits eine Art revolutionärer Vordenker für die Wiederentdeckung des zyklischen, Weiblichen Prinzips. Ob Kondratieff das bewusst war, vermag ich nicht zu beurteilen. Wenn auch sein Modell noch immer unter dem Aspekt des Profits stand, so machte sich dennoch die Gesellschaft auf, dieses brachliegende Potential im Gesundheitswesen für sich zu erschließen.

Aus der Wellnessbewegung wurde ein neues Konzept für ganzheitliche Gesundheitsbestrebungen, die alle Bereiche des Lebens miteinbezogen. Ein wesentlicher Aspekt dieser neuen Bestrebungen war die soziale Kompetenz. Sicher kein Begriff, der erst in dieser Zeit erfunden oder geprägt wurde, aber im Hinblick auf eine ganzheitliche Betrachtungsweise der menschlichen Gesundheit, bekam die soziale Kompetenz eine übergeordnete Rolle zugeschrieben. Das war - im Nachhinein betrachtet - eine wesentliche Voraussetzung für die Neuverteilung, bzw. eine Rückgabe der Verantwortung in

Bezug auf die eigene Gesundheit und die Lebensführung eines jeden. Der Grundstein für das, was später noch folgen sollte, war damit gelegt."

„Es ist für mich immer noch nicht ganz nachvollziehbar, wie die Menschen es aushalten konnten ... irgendwie war doch das ganze System damals eine Art öffentlicher Entmündigung, oder nicht?"

„Da hast du gar nicht so unrecht. Besonders wenn jemand krank und in ein Krankenhaus eingeliefert wurde, schienen alle Rechte und eigenständigen Entscheidungen wie aufgehoben. Die Ärzte sagten, was zu tun und zu lassen sei. Dein eigener Rat oder dein Empfinden war nicht gefragt, dies kam sicher einer Entmündigung gleich, obwohl es nur wenige so gesehen haben mögen und die meisten sich in die Gegebenheiten fügten. Es war eben nicht so, dass jemand selbst entscheiden durfte, ob er diese oder jene medizinische Leistung haben möchte.

Die Ärzte entschieden, was zu tun war und es kam schon einem Frevel gleich, wenn jemand sein Leben nicht durch Maschinen verlängert haben wollte. Dafür musste man schriftliche Vorsorge tragen. Wenn jemand erst einmal in einem Krankenhaus war, dann hatte er kaum mehr Entscheidungsgewalt über die Vorgänge. Das war keine rechtliche Sache, sondern eher eine moralische und meistens auch eine fachliche. Denn wenige wagten zu widersprechen."

„Wie war denn damals das Verständnis von Gesundheit und Krankheit als ein Signal des Körpers in Bezug auf den eingeschlagenen Lebensweg?"

„Es gab nur wenig Ärzte, die sich auf eine solche Ebene begaben. Die Medizin hatte sich zu einer Apparatemedizin entwickelt. Es wurde gemessen, geröntgt und untersucht. Für diese Art von Ärzten waren zwei Dinge besonders wichtig. Zum einen, die richtige Diagnose für eine bestimmte Krankheit zu stellen und zum anderen, alles daran zu setzen, um diese diagnostizierte Krankheit zu beseitigen. Den Ärzten von damals ging es nicht darum, einen Menschen zu heilen. Für sie ging es darum, eine Krankheit zu bekämpfen. Für sie bestanden nur marginale Zusammenhänge zwischen der Ausgangslage eines Menschen und seiner aufgetretenen Krankheit. Die Ursache dafür können wir vielleicht darin suchen, dass ihr Denken in einzelne Fachgebiete eingeteilt war. Es gab damals große Probleme für die einzelnen Fakultäten, disziplinübergreifend zu arbeiten."

„Bedeutet dies, dass, wenn jemand eine Diagnose, also eine

festgestellte Krankheit hatte, nicht mehr weiter geforscht wurde, welche Zusammenhänge im Leben des Menschen dazu geführt haben?" Merlina schaut ungläubig in Philipps Richtung.

„Ja, das bedeutete es! Nicht nur, dass eine Wiederholung damit fast garantiert war, viel schlimmer noch war, dass, wenn jemand erst einmal eine Diagnose hatte, er auch wirklich krank wurde - oft sogar auch dann, wenn die Diagnose sich später als falsch erwies. Eine Diagnose kam in der damaligen Zeit einem unumstößlichen Urteil gleich.

Die Apparatemedizin hatte vielfältige Möglichkeiten entwickelt, bestimmte Krankheiten festzustellen. Und damit die Gerätschaften auch wirklich häufig genug genutzt wurden und sich die Anschaffung auch amortisierte, wurde eine vorsorgliche Art der Untersuchung eingeführt, die sogenannte „Vorsorgeuntersuchung" und diese insbesondere bei Krebserkrankungen. Mag sein, dass diese vielleicht für einige wenige auch Vorteile hatte, aber in der Regel wurde damit mehr Angst verbreitet, als Schaden abgewendet. Besonders die Frauen hielt man an, regelmäßig, also in kurzen Zeitabständen zur Brustkrebsuntersuchung zu gehen. Allein die ständige Beschäftigung damit versetzte eine große Zahl der Frauen in Angst und Schrecken. Sich dem zu entziehen, war verpönt. Dann wurden manchmal Knötchen in den Brüsten der Frauen entdeckt und Gewebeentnahmen wurden veranlasst. Nicht selten stellte sich am Ende der ganzen Prozedur heraus, dass die Befunde völlig harmlos waren. Aber von diesem Zeitpunkt an hatten die betroffenen Frauen ständig Angst, beim nächsten Mal könne es vielleicht nicht mehr harmlos sein, was häufig zu einer sich selbst erfüllenden Prophezeiung führte.

Diese Vorgehensweise garantierte, dass die teuren Anschaffungen ständig in Gebrauch waren. Was in der Psyche der Frauen vor sich ging, interessierte die Ärzte nur selten oder sie taten es mit dem Hinweis ab, es würde dadurch vielen Frauen geholfen. Ich weiß aus Erzählungen, dass es in der Zeit sehr viele Operationen und Brustamputationen gab, die eigentlich nicht notwendig gewesen wären. Über die Gründe dafür möchte ich nicht spekulieren, aber es waren sicher nicht nur edle."

Hier macht Philipp eine Pause und lehnt sich zurück. Merlinas Gedanken bleiben noch bei den Frauen und ihren Ängsten. Ihr ist bewusst, dass auch heute noch nicht alle Menschen ohne Krankheiten sind, jedenfalls nicht in den Generationen, die vor ihr geboren sind.

Es gibt noch sehr viele Spätschäden und der Bewusstseinsprozess für die eigene Gesundheit ist noch nicht abgeschlossen. Dennoch ist in ihrer Generation deutlich zu spüren, dass die Verantwortung wieder da angekommen ist, wo sie hingehört, bei jedem Einzelnen. Das Handeln der Menschen, mit denen sie groß geworden ist, orientiert sich in allen Lebensbereichen am Erhalt des Gleichgewichtes der Natur. Über die Funktionen der Organe Bescheid zu wissen oder über die Wirkweise des Stoffwechselapparates informiert zu sein, gehört für ihre Generation zur Allgemeinbildung. Alle legen großen Wert auf gesunde und unverfälschte Nahrung, und sie betreiben ein ausgewogenes Maß an Bewegung. Dabei sind extreme Sportarten, wie es sie früher gab, nicht mehr erwünscht. Aus diesem Grund ist es wieder in Mode gekommen, viele Wege zu Fuß zu machen oder mit mechanisch betriebenen Fahrzeugen. Das erspart ihnen gesonderte Sportveranstaltungen. Zur Gesundheitsfürsorge ihrer Tage gehört in einem hohen Maße auch Seelenhygiene. Seelenhygiene ist ein Teil dessen, was Philipp vorhin als die Einführung der sozialen Kompetenz erwähnte.

Psychohygiene gilt als die edelste Form der Prophylaxe für eine gute Gesundheit. Es ist ein sehr weites Feld. Dazu gehören sowohl Konfliktvermeidung als auch der faire Umgang mit entstandenen Konflikten. Das beinhaltet, die Gefühle des anderen zu respektieren und die eigenen zu leben. Sich um die eigenen, ganz persönlichen Muster zu kümmern, sie kennenzulernen und als einen Teil der Persönlichkeit zu akzeptieren, und sollten sie gemeinschaftsschädigend sein, auch zu korrigieren. Viele Streitsituationen, ja sogar Kriege, wurden früher geführt, weil die Menschen zu dieser Art von Psychohygiene keinen Zugang fanden. Sie arbeiteten häufig mit Schuldzuweisungen, das weiß Merlina aus Erzählungen. Immer hatte irgendjemand oder irgendetwas Schuld an der Situation, selten fragten sich die Menschen, worin ihr Anteil oder Beitrag an der Situation bestand. Das soll in den Menschen ungeheuren Stress erzeugt haben, erfuhr Merlina.

Und natürlich gibt es auch heute noch Menschen, die in ihrer Entwicklung steckengeblieben sind und mit den alten Methoden leben. Doch dadurch, dass Psychohygiene zu einer alltäglichen und eigentlich ganz normalen Bewegung geworden ist, finden diejenigen immer zugewandte Menschen, die ihnen helfen, damit umzugehen.

Derart in ihre Gedanken vertieft, hört Merlina Philipps Stimme wie aus der Ferne.

„Ich störe dich nur ungern in deinen Überlegungen, Merlina, doch wollte ich dich fragen, ob du heute Abend mit mir in den Konvent fahren möchtest. Ich möchte deine Mutter besuchen und ein paar Tage dort bleiben. Sie hat ab morgen wieder ein Seminar mit Männern, die noch auf der Suche nach ihrer Herzstimme sind und ich möchte sie dabei unterstützen. Hast du Lust mitzukommen?"
Merlina schiebt ihre Gedanken beiseite und schaut Philipp in die Augen.
„Das ist eine wunderbare Idee. Ich komme gerne mit. Ich habe mir ja die nächsten Tage ohnehin für meine Vorbereitungen freigenommen und der Kontakt mit den Männern bringt mich bestimmt auch noch ein Stückchen weiter. Wann möchtest du fahren?"
„Gleich nach dem Abendessen, wenn es dir recht ist."
„Ja, wunderbar."

Der kleine Transporter ist bis auf den letzten Platz gefüllt. Merlina hat Glück und kann dennoch vorne neben Philipp sitzen. Wie immer nutzen mehrere Bewohner der Gemeinschaft die Möglichkeit, ein paar Erledigungen zu machen, wenn der Transporter auf die Reise geht. Er gehört zur Wohngemeinschaft und aus ökologischen Gründen würde es niemandem in den Sinn kommen, allein eine weite Strecke zu fahren. Einige steigen schon bei der nächsten Lebensgemeinschaft aus, und andere lassen sich noch ein Stückchen weiter bis zu ihrem Ziel fahren. Dass es für die restlichen einen Umweg bedeutet, stört niemanden. Ganz im Gegenteil, die Atmosphäre ist fröhlich und ausgelassen.
Als sie dann alleine mit Philipp im Wagen sitzt und sie die Abzweigung zum Konvent nehmen, kann sie die Freude auf ihre Mutter sehr deutlich spüren. Sie hat sie seit zwei Wochen nicht gesehen, zwar haben sie einen ständigen mentalen Kontakt, doch die Aussicht, in Kürze ihre körperliche Gegenwart zu spüren, löst ein zufriedenes Gefühl in Merlina aus.
Der Konvent wurde bereits von ihrer Großmutter gegründet. Die ersten Ideen dafür stammen noch aus der Zeit vor dem Umbruch.

Ihrer Großmutter war es schon damals wichtig, dass die Frauen in den Wechseljahren wieder die Positionen und Aufgabenbereiche für sich zurückeroberten, die ihnen für die Zeit nach der Mutterschaft natürlicherweise zugedacht waren. Aber ihr erster Versuch misslang. Wie immer war Großmutter Quiery ihrer Zeit weit voraus, und erst nach dem Umbruch war auch die Zeit für den Konvent gekommen. Darüber hatte sie schon viele Stunden mit ihrer Mutter gesprochen. Besonders in der Zeit, als diese sich entschloss, für ein paar Jahre mit den anderen Weisen Alten im Konvent zu leben und dafür die Lebensgemeinschaft und auch ihre Tochter Merlina vorübergehend zu verlassen.

Sie erzählte ihr, wie über Jahrhunderte hinweg die Frauen ihrer Aufgabe beraubt wurden, die Traditionen, Erfahrungen und ihr erworbenes Wissen an die nächste Generation weiterzugeben. Frauen waren in allen alten Gesellschaftsformen für die Gesundheit der Mitglieder ihres Stammes oder ihrer Sippe zuständig. Sie hatten das Wissen über die Pflanzen und deren Wirkstoffe gesammelt und es von Generation zu Generation weitergegeben.

Dann, im Mittelalter, wurde alles anders. Die katholische, christliche Kirche erfand die Inquisition und machte damit viele wissende Frauen zu Hexen. Zeitgleich mit der Inquisition entstanden die ersten medizinischen Lehranstalten, denen nur Männer der Kirche angehören durften. Böse Zungen könnten darin einen Beweis sehen, dass die Vernichtung so vieler Frauen und ihres Naturheilwissens auch die Ausrottung einer Konkurrenz gewesen sein könnte. Millionen von Frauen wurden in dieser Zeit auf dem Scheiterhaufen verbrannt. Und Jahrhunderte danach berichteten nur noch die Märchen über die Kräuterhexen und ihre Fähigkeiten.

Eine Frau eine Hexe zu nennen, kam einem Schimpfwort gleich und nur sehr wenige Frauen empfanden sich in der nachfolgenden Zeit noch als Hexen. Wenn das der Fall war, so hielten sie sich und ihr Wissen aber auf jeden Fall im Verborgenen, denn die Angst vor dem Scheiterhaufen wohnte kollektiv in ihren Zellen.

Der natürliche Zeitablauf im Leben einer Frau bekam eine Lücke, die nicht mehr ausgefüllt wurde. Die Reihenfolge wurde jäh unterbrochen: die Kindheit, die Jugend, dann die Mutterschaft und danach die Weise Alte bis zum Tod. Aber nach der Mutterschaft war plötzlich nichts mehr da. Die Frauen durchlebten die Wechselzeit von der Mutterschaft zur Weisen Alten, durften aber das Stadium

der Weisen Alten nie erreichen.
Die Kirche hatte einfach die letzte sinnvolle Aufgabe aus dem Leben der Frauen gestrichen und das Schlimmste daran war, dass darüber kein wirkliches Bewusstsein existierte. Die Frauen lernten damit zu leben, dass sie nach den Wechseljahren in ein Loch fallen würden, und so wurden die Wechseljahre für viele eine Zeit, die sie mit Angst und Schrecken erwarteten. Nur wenige Frauen entzogen sich dem gängigen Bild einer Frau in den den Wechseljahren, dessen Status von der Männerwelt festgelegt worden war.
Die männliche Forschung fand allerlei heraus, was aus ihrer Sicht krankhaft war und die Frauen legten ihr Augenmerk auf die Begleitumstände dieser Zeit. Die hormonellen Veränderungen, die einen natürlichen Sinn hatten, wurden wie eine Fehlfunktion des Körpers dargestellt. Der Körper reduziert in der Zeit nach der Gebärfähigkeit das Östrogen, welches die Frau häuslich und mütterlich macht, zu recht, denn die liebliche Zeit der Frau ist nach der Mutterschaft vorbei. Danach heißt es wieder, aktiv ins Leben einzugreifen und die Gesellschaft entscheidend mitzuprägen. Das war vielen Männern ein absoluter Dorn im Auge und ihr Argumentationsreichtum war skurril. Weil viele Männer selbst Angst vor Veränderungen hatten, wollten sie nicht, dass die Frauen sich veränderten und wieder eigenständiger wurden. Für sie sollten die Frauen immer die lieben, angepassten, häuslichen und zudem noch ewig jugendlichen Frauen bleiben. Dem Männlichen Prinzip entsprechend, erfolgte dann die Erfindung der Hormonersatztherapie, welche die Frauen in diesem aus männlicher Sicht erstrebenswerten Idealzustand halten sollte.
Merlinas Großmutter berichtete, dass es in besagter Zeit für die Frauen in dem Alter sehr schwer war, weil sie den gesellschaftlichen Erwartungen von jung, schön und nett einfach nicht mehr entsprachen. Ihrer natürlichen Aufgabe beraubt, fiel eine große Anzahl der Frauen der westlichen Industriestaaten in eine Art seelisches Koma, aus dem sie erst wieder erwachen durften, wenn ihre Männer das Rentenalter erreicht hatten.
Damit konnten sich selbstverständlich nicht alle Frauen zufrieden geben und sie suchten sich einen Ersatz für die natürliche Aufgabe, um das entstandene Loch zu füllen. Manche gingen, wenn sie Enkelkinder hatten, völlig in ihrer Großmutterrolle auf, andere halfen der Gesellschaft in karitativen Vereinigungen und gar nicht so wenige entdeckten für sich die Spiritualität. Dass all diese Bereiche immer

nur einen Teil ihrer originären Aufgaben in diesem Alter darstellten, war den wenigsten Frauen bekannt. Und besonders die, die sich mit Spiritualität beschäftigten, wurden meist als gelangweilt und abgedreht dargestellt und ihre Motive als eine Folge der Wechseljahre im negativen Sinne hervorgehoben. Eine ziemlich düstere Geschichte der Frauen und ihrer Wechseljahre.

Diesen Irrtum aufzuklären und den Frauen wieder den Sinn ihrer Wechseljahre und vor allem der Zeit danach, vor Augen zu halten, dafür wurde der Konvent gegründet. Inzwischen hat sich das Aufgabengebiet der Weisen Alten erheblich vergrößert. Nach dem Umbruch entstand ein riesiger Bedarf an Anleitung und Unterweisung für Frauen und Männer, um sich mit den Eigenheiten und Vorteilen des Weiblichen Prinzips zu beschäftigen.

„Wir sind gleich da. Du bist die ganze Zeit so schweigsam, ist irgendwas?"

„Nein, Philipp. Ich bin so vertieft in die Gedanken der Vergangenheit. Ich habe das Gefühl, als lebte ich im Augenblick überwiegend noch einmal das Leben der anderen aus dieser Zeit nach. Und es ist so konträr zu dem, was ich heute lebe, dass es mich schon sehr beschäftigt. Ich bin so dankbar, dass ich noch so vieles von so mutigen Zeitzeugen erfahren kann. Wenn ich in der Mitte meines Lebens stehe, dann wird diese Generation nicht mehr da sein und alles wird nur noch vom Hörensagen weitergereicht werden können. Jetzt noch einmal mit denen sprechen zu dürfen, die den Umbruch selbst erlebt haben, ist für mich von unschätzbarem Wert."

Noch während sie diesen letzten Satz ausspricht, biegt das Auto in die Kieseinfahrt des Konvents. Eine langgezogene Auffahrt, die von Kastanienbäumen gesäumt ist. Alte Begrenzungspfähle, weiß gestrichen, geben den Weg frei und zeigen die Richtung zum Haupthaus. Entlang der Einfahrt steht das Gästehaus. Einfach in seiner Bauweise, spartanisch in der Inneneinrichtung und in frischem Weiss gestrichen, zieht es sich fast den gesamten Weg entlang. Die Wiesen ringsherum sind gepflegt. Die letzten spätsommerlichen Gänseblümchen recken ihre Köpfe der untergehenden Sonne entgegen. Am Rande der Auffahrt gibt es einen Parkplatz, auf dem Philipp jetzt den Wagen abstellt.

Das Haupthaus ist ein altes Herrenhaus, das zu einem großen landwirtschaftlich genutzten Komplex gehört. Der rote Backstein des großen Hauses leuchtet in der Abendsonne. Eine halbhohe Freitreppe

führt zur Eingangstür, die links und rechts von Säulen eingerahmt ist.
Das Anwesen besteht aus mehreren Gebäuden. Ein ehemaliger Pferdestall, eine große Remise und ein weiteres Gebäude, dessen ehemaliger Verwendungszweck nicht mehr festgestellt werden konnte, wurden zu kleinen separaten Wohneinheiten umgebaut. Zwischen den einzelnen Gebäuden ruht ein künstlich angelegter See mit glatter Wasserfläche, der noch aus der Gründungszeit des Gutes stammt. Die Äste einer großen, sehr alten Trauerweide hängen hinab bis ins Wasser und überdecken eine Terrasse mit altem Kopfsteinpflaster. Die Atmosphäre hat etwas Märchenhaftes, etwas Verträumtes und Verspieltes. Außer dem Herrenhaus sind alle anderen Gebäude von außen mit Holz verkleidet. Prächtige, alte Rosenstöcke ranken bis unter die Regenrinnen und ihre Blüten verzaubern alles ringsherum mit ihrem Duft. Es ist friedlich hier, kraftvoll und sehr energiegeladen.
Die beiden gehen die letzten Meter zu Fuß und genießen schweigend den Hauch des Rosenduftes, der sie zum Eingang begleitet.
Mit einem leisen Knarren öffnet sich das schwere Holzportal, und Clarissa steht strahlend zwischen den bleiverglasten Flügeln der Tür. Die untergehende Abendsonne glänzt auf ihrem Haar und um ihren Kopf schimmert ein zartes Licht.
„Je später der Abend, desto liebenswerter die Gäste. Kommt herein und seid willkommen."
Lachend und mit ausgebreiteten Armen begrüsst sie die beiden wichtigsten Menschen in ihrem Leben. Philipp und Merlina folgen ihr durch die große Eingangshalle mit dem uralten, schwarzverräucherten Kamin auf der einen Seite und dem Treppenaufgang zum Obergeschoss auf der anderen. Merlina riecht dieses Haus so gern. Sie kann gar nicht ganz genau sagen, wonach es riecht, aber irgendwie hat dieser Geruch etwas Mystisches. Sie wüsste zu gerne, was diese Wände alles zu erzählen hätten, wenn sie reden könnten. Im Hintergrund sind Gregorianische Mönchsgesänge zu hören.
„Ihr kommt gerade zur richtigen Zeit. Wir stimmen uns auf den morgigen Tag ein und hören gemeinsam die Mönche. Habt ihr Lust euch dazuzugesellen?"
Wortlos mit dem Kopf nickend folgen die beiden Clarissa auf leisen Sohlen in den Wohnraum. Ungefähr zehn Menschen sitzen dort im Raum verteilt, andächtig in die Musik versunken. Ein schöner Abschluss für einen so vielfältigen Tag, denkt Merlina und setzt sich

auf den Fussboden, lässt sich in einen Berg von Kissen gleiten und zieht die Knie an ihr Kinn.

Die Stimmung im Seminarraum ist erwartungsvoll und ein wenig angespannt. Sechs Männer unterschiedlichen Alters, Clarissa, Philipp und Merlina sitzen in gemütlichen Sesseln im Kreis. Die Männer, die heute am Seminar teilnehmen, sind auf der Suche nach ihrer Herzstimme. Die Weisen Alten im Konvent bieten diese Seminare für alle an, aber Frauen sind selten dabei. Merlina ist gespannt auf die Vorstellungsrunde, denn hier erfährt sie die Beweggründe der Männer, die sich auf den Weg gemacht haben. Für die jungen Menschen ihrer Generation sind dafür keine Seminare mehr nötig, sie sind damit aufgewachsen. Aber viele Menschen der vorangegangenen Generationen haben in ihrer Kindheit ganz andere Erfahrungen gemacht. Besonders die Männer, die jetzt bereits im ehrwürdigen Alter sind, haben unter der Herrschaft des Männlichen Prinzips für ihre Herzstimme keinen Raum gefunden. Und längst nicht alle trauen sich zuzugeben, dass ihnen dadurch ein wichtiger gesunderhaltender Aspekt in ihrem Leben gefehlt hat.

Diese hier trauen sich. Walter beginnt mit der Vorstellung. Merlina schätzt ihn auf über Siebzig. Sein Gesicht ist vom Leben gezeichnet. Tiefe Falten um die Nase geben ihm einen verhärmten Ausdruck. Sein Haar ist ganz kurz geschnitten, die Farbe lässt sich nicht genau definieren. Wirklich grau ist es aber noch nicht. Seine Körperhaltung ist gebeugt, die Hose weht um seine Beine und lässt erahnen, dass darunter nicht mehr viel Substanz vorhanden ist. Der Zustand seiner abgetragenen Kleidung lässt immer noch eine gewisse Qualität erahnen, auf die er früher offensichtlich viel Wert gelegt haben musste. Er erzählt, dass er seit ein paar Jahren seine, durch schwere Krankheit ans Bett gebundene, Frau pflegt und dass sie seit dieser Zeit mehr Gespräche miteinander geführt haben, als in ihrem gesamten Leben zuvor. Immer wieder stößt er dabei an seine Grenzen, wenn es um Gefühle geht. Nicht, dass er es nicht wolle, aber er hatte es einfach nie gelernt, darüber zu sprechen und war eher

der Meinung, dass jeder seine Gefühle mit sich selber ausmachen müsse. Auch seine Frau war dieser Meinung, als sie sich kennenlernten. Doch dann, durch die Rückkehr des Weiblichen Prinzips, war sie sehr schnell in der Lage, ihre Potentiale zu erkennen und sie veränderte sich sehr stark. Er sagt, sie habe es wohl nicht immer leicht mit ihm gehabt, weil er so vehement und unnachgiebig gegen die Veränderungen angekämpft hatte. Jetzt, angesichts des Alters, der schweren Krankheit seiner Frau und des gemeinsamen Leidens, jetzt, nach den vielen Gesprächen mit ihr, würde er so gerne wiedergutmachen, was er ihr in all den Jahren verwehrt hatte, aber das bliebe wohl ein Wunsch. Und deshalb möchte er wenigstens die noch verbleibende Zeit mit seiner Frau harmonisch gestalten. Die gemeinsamen Gespräche könnten sie einander näher bringen. Seine Frau meinte, dass ihm seine Herzstimme dabei helfen könne. Deshalb sei er hier. Er schaut ein bisschen verlegen in die Runde.
Die Tonlage seiner letzten Worte lässt erkennen, dass er froh ist, die Vorstellung seines Anliegens hinter sich zu haben, und er lehnt sich einigermaßen entspannt in seinem Sessel zurück. Ein paar Sekunden lang liegt ein angenehmes Schweigen im Raum, das deutlich macht, dass die anderen ihm aufmerksam zugehört haben und seine Worte noch in ihnen nachwirken.
Dann räuspert sich Stan. Stan ist sehr viel jünger, vielleicht so um die Fünfzig. Er hat einen kräftigen Körperbau und wirkt im Vergleich zu Walter massiv. Er ist groß, sehr groß und hat eine Glatze. Seine Gesichtszüge sehen verhärtet aus, so, als könne er keine Bewegungen damit machen. Er wirkt starr und auch sein Blick hat etwas Starres, etwas sehr Konzentriertes. Da gibt es kein neugieriges Suchen der Augen im Raum. Sie sind stets auf einen bestimmten Punkt gerichtet. Das ist Merlina sofort aufgefallen. Offensichtlich fällt es ihm nicht leicht, etwas zu sagen, doch dann erzählt er, dass er genau in den Jahren der Wirren geboren wurde. Er erzählt, dass sein Vater ein echter Macho war und sich auch heute noch über Frauen lustig macht. Und weil sein Vater Angst hatte, dass aus ihm mal eine Memme werden würde, hat er sich von seiner Frau getrennt und seinen Sohn mitgenommen, um ihn zu einem echten Kerl zu erziehen. Heulen war bei Strafe verboten und Gefühle waren Weiberkram. Stan musste sich mit seinem Vater prügeln, damit er lernen sollte, sich durchzusetzen. Und sein Vater versuchte ihm beizubringen, dass man niemandem auf der Welt trauen könne. Den härtesten

Beweis dafür wird Stan wohl sein ganzes Leben lang nicht vergessen. Er war als kleiner Junge auf einen Baum geklettert und kam aus eigener Kraft nicht wieder herunter. Als sein Vater das sah, stellte er sich unter den Baum, streckte seine Arme aus und rief ihm zu, er solle springen, er würde ihn auffangen. Und als Stan sich endlich traute und sprang, ging sein Vater einen Schritt zur Seite und ließ ihn einfach auf den Boden fallen. Dabei hatte er sich ein Bein und ein Handgelenk gebrochen. Der Kommentar des Vaters war, dass er nun wohl seine Lektion gelernt hätte und endlich glauben würde, dass man niemandem vertrauen könne.
Stan liefen bei dieser Schilderung die Tränen über die Wangen. Ganz offensichtlich war die Erinnerung daran noch sehr präsent. Peinlich berührt schaut Stan zur Seite. Er würde gerne mit einer witzigen Bemerkung die Situation wenden, doch als er in die betroffenen Gesichter der Runde schaut, fällt ihm seine eigene Motivation für das Hiersein wieder ein und er denkt sich, dass er auch gleich damit beginnen könne, seine Gefühle zu akzeptieren und unterdrückt die Tränen nicht mehr länger. Er will ja lernen, seine Gefühle zu spüren und ihnen Raum zu geben. Er weiß, dass es für ihn nicht leicht sein wird, doch er hat beobachtet, wie gut es anderen damit ergangen ist. Nun möchte er es selber probieren.
Wieder entsteht eine Pause. Die Energie im Raum wird noch dichter. Es scheint so, als könnten alle anderen sehr genau nachvollziehen, was die beiden von sich erzählt haben.
Andrée blickt auf und schaut in die Runde. Er spürt, dass wohl alle hier Versammelten eine aussergewöhnliche Lebensgeschichte haben, das gibt ihm Mut und zeigt ihm, dass alle Anwesenden einen guten Grund haben, sich endlich um die Stimme ihres Herzens zu kümmern. Andrée wirkt zart, ist sehr schmal gebaut und hat ein knabenhaftes Gesicht, obwohl Merlina ihn etwas älter als Stan einschätzt, vielleicht kurz unter Sechzig. Seine Stimme klingt eher piepsig und auch seine Wortwahl hat etwas Kindliches. Er sagt, er hätte keine gute Kindheit gehabt. Er macht eine Pause, bevor er weiterspricht. Noch vor den Wirren des Umsturzes, als er sechs war, hatte ihn ein Mitglied eines Kinderpornorings entführt. Er war ein ganzes Jahr in seiner Gewalt. Während des Berichtes aus dieser Zeit bricht seine Stimme hin und wieder zusammen, und er muss oft nach Luft schnappen. Er blickt immer wieder hilfesuchend in die Runde und Merlina stockt bei seinen Schilderungen das Blut in den Adern. Ihr

Mitgefühl ist groß und sie erkennt, dass in diesem Augenblick nicht der Erwachsene in der Runde sitzt, sondern dass sich das kleine, misshandelte Kind zeigt, das immer noch mit großen Augen nach Hilfe Ausschau hält.
Die Energie im Raum ist zu einer Hülle geworden. Sie ist wie eine Haut, die alle Anwesenden aufnimmt und beschützt. Das kann offensichtlich auch Andrée spüren, denn er erzählt weiter, was nach seiner Befreiung geschah und wie es in ihm aussah. Und er schildert, dass er es bis vor wenigen Jahren nicht geschafft hatte, darüber zu sprechen.
All die Jahre davor hatte er das Gefühl, als würde er gar nicht mehr leben, als hätte er keine Seele mehr. Erst eine Begegnung mit einem Schamanen brachte Licht in sein dunkles Inneres und zeigte ihm, dass er sich trotz allem noch auf seine Gefühle verlassen konnte, wenn er sie nur zuließ. Es war in der Tat so, dass ihn seine Seele in der qualvollen Zeit verlassen hatte, um sein körperliches Überleben zu sichern und selber keinen Schaden zu nehmen. Die Arbeit mit dem Schamanen führte dazu, dass er sich dieser qualvoll erlebten Zeit stellen konnte und damit in sich eine Basis schuf, die entflohenen Seelenanteile wieder willkommen zu heißen. In mehreren Sequenzen war es dem Schamanen möglich, die Seelenanteile von Andrée aufzuspüren und dazu zu bewegen, wieder in ihn einzuziehen. Zur Zeit durchläuft er mit diesen Anteilen noch einmal eine von ihm selbst erdachte, schönere Kindheit, und mit Hilfe seiner Herzstimme möchte er diesen Prozess begleiten und abschließen. Als er den letzten Satz beendet, huscht ein Schimmer von Zuversicht über seine Augen, und ein kleines Lächeln bedeckt seinen Mund. Er atmet tief durch, dann wirkt er erleichtert.
Merlinas sensible Wahrnehmung signalisiert ihr, dass gleich etwas geschehen wird. Eben noch war die Energie von Andrées Schilderungen und dem Verständnis der Runde geprägt, in Sekundenschnelle schlägt sie um und mit einem Blick auf Philipp und Clarissa sieht sie, dass auch die beiden den Umschwung sofort wahrgenommen haben.
Es dauert keine fünf Sekunden mehr und Merlina erkennt, woher die Veränderung kommt. Frederick stöhnt, sein Körper bäumt sich auf und fällt dann wieder in den Sessel zurück. Er atmet tief durch die Nase ein, und es scheint, als zähle er innerlich bis Zehn. Dann schnaubt er noch einmal laut, und mit gepresster Stimme fängt er

an zu erzählen. Jeder kann sehen, dass es ihm sehr schwer fällt und dass er sich überwinden muss und auch, dass er reden will, unbedingt reden will. Er äußert seine Vermutung, dass ihn gleich alle hassen werden, dass er aber Geschehenes eben nicht ungeschehen machen kann und dass er hier ist, um endlich Frieden mit sich selbst zu schließen. Er sei jetzt Anfang Sechzig und gehöre zu denen, die in den Wirren mit schrecklichen Mitteln gegen die Erneuerung der Gesellschaft gekämpft haben, mit Hass, mit Gewalt und Unterdrückung... und... mit Vergewaltigung. Das Wort kommt ihm nur zögerlich über die Lippen und sein Tonfall ist eine Mischung aus eigener innerer Qual, Scham und immer noch vorhandenem Hass. Und nur eine Spur eines Schuldgefühls glaubt Merlina darin zu entdecken. Der nächste Satz bestätigt ihre Vermutung. Es wäre doch nicht seine Schuld, dass er in einer Gesellschaft aufgewachsen sei, die Frauen grundsätzlich als minderwertig angesehen hat. Frauen bekamen weniger Geld, hatten weniger Rechte und verdienten vor allem viel weniger Ansehen und Respekt. So sei er nun mal von seinem Vater erzogen worden, und seine Mutter hatte dem nichts entgegengesetzt. Als dann die Frauen die Macht an sich reißen wollten, haben sein Vater und er entschieden, es denen schon zu zeigen. Seine Mutter hatte sich von ihnen getrennt und so sind sie in den Untergrund gegangen und haben sich dort mit anderen, ziemlich kriminellen, Männern zusammengetan. Jahrelang haben sie ihr Unwesen getrieben, und er war damals noch nicht einmal Zwanzig. Als sich die Umstände nach und nach änderten und viele der Männer, mit denen sie zusammengelebt hatten, nach ihren nächtlichen Streifzügen nicht mehr wiederkamen, trennte auch er sich von seinem Vater und ging seinen eigenen Weg. Es war eine harte Zeit, und er hatte nur das Nötigste zum Überleben.

Als dann auch noch das Geld endgültig abgeschafft wurde, wurde es noch schwerer für ihn. Er konnte sich nicht dazu entschließen, sich diesem Weibersystem unterzuordnen, und das machte alles nur noch schlimmer. Die Vorstellung, nur noch das von der Gesellschaft zu nehmen, was er an anderer Stelle auch zurückgeben wollte, machte ihm Angst und dieses blöde Gesetz wollte nicht in seinen Verstand. Er war gewohnt, zu nehmen was er brauchte, und andere für Mißstände verantwortlich zu machen. Selber einen Beitrag zur Gemeinschaft zu leisten, war für ihn undenkbar. Dafür waren aus seiner Sicht die Frauen da, sie waren die Untertanen der Männer und nicht anders herum. Er lebte dann eine Zeitlang mit vier anderen jungen Männern in einer verfallenen Hütte in den Bergen. Als Ihr Speiseplan immer bescheidener wurde, weil das, was sie sich selbst an Nahrungsmitteln beschaffen konnten, immer weniger wurde, wanderten die Männer einer nach dem anderen in bestehende Lebensgemeinschaften ab. Einer nach dem anderen hatte aus seiner Sicht den Kampf aufgegeben.

Er selbst blieb allein zurück - für viele Jahre. In dieser Einsamkeit hatte er viel Zeit, über sein Verhalten und die in ihm aufkeimende Schuld, nachzudenken. Lange hat er sich gewehrt, die Verantwortung für sein Handeln zu übernehmen. Dann kam ein kalter und sehr langer Winter und es gingen ihm zum ersten Mal die Lebensmittel aus. Als er eines Tages aus den Bergen ins Tal kam, schickte ihm das Leben einen wundersamen Zufall.

Auf den verschneiten Straßen war weit und breit nur eine Person zu sehen und als er sich traute, diese anzusprechen, sah er, dass es seine Mutter war. Sie war inzwischen so stark und selbstsicher geworden, dass er sie kaum wiedererkannte. Sie fragte nicht lange, woher er käme oder wohin er wolle. Sie nahm ihn mit in ihre neue Lebensgemeinschaft und er folgte ihr ohne Widerstand.

Die einsame Zeit in den Bergen hatte ihn mürbe gemacht und seinen falschen Stolz gebrochen. Er begriff schnell die Vorteile des neuen Systems und passte sich an. Er leistete seinen Beitrag, konnte sich äußerlich erholen. Innerlich aber verschloss er sich immer mehr.

Über seine Vergangenheit redete er nicht, er baute eine Mauer um sie herum auf und glaubte, sie so vergessen zu können. Bis vor ein paar Monaten hatte er nicht mehr geglaubt, sich noch einmal in eine Frau verlieben zu dürfen oder auch zu können. Aber dann geschah es. Die Tochter einer Mitbewohnerin kam zu Besuch und sobald sie sich ansahen, war es um sie beide geschehen. Sie trafen sich fast täglich, und als ihre Beziehung intimer zu werden begann, hatten beide das Gefühl, sie müssten einander vorher noch etwas sagen. Belinda war schneller als Frederick und begann mit ihrer Geschichte. Sie erzählte ihm, wie eines Nachts eine Horde wildgewordener Männer in ihr Elternhaus eindrang und sie, ihre Mutter und zwei ihrer Schwestern vergewaltigt wurden. Den Rest der näheren Umstände hörte Frederick wie durch Watte. Sein Kopf drohte zu zerspringen, Schwindel übermannte ihn und Übelkeit stieg in ihm hoch.

Er lief einfach davon, ohne ein erklärendes Wort an Belinda. Er lief zurück zur Hütte in den Bergen und verkroch sich. In völlig verwahrlostem, fast irrem und apathischem Zustand fand ihn seine Mutter dort und brachte ihn wieder zurück in die Lebensgemeinschaft. Dort pflegte sie ihn und nannte ihm, nachdem er sich erholt hatte, die Anschrift des Konvents. Und nun sei er hier, weil er irgendwie mit seiner Schuld umgehen muss, weil er lernen will, die Verantwortung zu übernehmen und weil er prüfen will, ob es für ihn und Belinda trotz allem, was zwischen ihnen steht, eine Zukunft geben kann.

Im Raum war es mucksmäuschenstill. Die aggressive Energie wurde von der imaginären Haut aufgenommen und hat sich, aufgrund der Einfühlung aller, wieder transformiert.

Clarissa steht langsam schweigend auf und öffnet ein Fenster, und jemand fragt vorsichtig, ob es möglich sei, eine kleine Pause zu machen. Die Vorstellungsrunde ist zwar noch nicht zu Ende, aber die Idee einer Pause wird auch von den anderen dankbar entgegengenommen. Die Tassen klappern, doch es fällt kein Wort. In diesem Raum tauchen gerade noch einmal die Schreckgespenster alter Zeiten auf. Dicht beieinander stehen sie schweigend da, dann beendet Chris als erster die Pause und geht wieder zu seinem Platz. Die anderen folgen, immer noch schweigend. Merlina empfindet die Pause sehr ambivalent. Auf der einen Seite war eine Unterbrechung sicher notwendig, um die geballte Energie aushalten zu können. Auf der anderen Seite steigt mit dem Ende der Pause die Erwartung an die beiden Männer, die noch nichts gesagt haben. Welche Motive sie wohl hierher brachten?

Chris ergreift sofort die Initiative und wartet kaum, bis sich alle gesetzt haben. Es ist ihm anzusehen, dass er es nicht mehr länger aushalten kann, dass es ihn drängt, zu erzählen, warum er hier ist. Er scheint in der Runde der jüngste zu sein. Sein Gesicht ist fahl und seine Haut sieht krank aus.

Er ist der Sohn einer aidskranken Frau, die kurz nach seiner Geburt starb. Er habe das Gefühl, er liefe bereits sein ganzes Leben lang mit der tragischen Geschichte seiner Mutter herum, ohne dass er sie oder einen Verwandten danach habe fragen können. Er hätte so gerne erfahren, wer sein Vater sei oder wie die Lebensgeschichte seiner Mutter war, aber es gibt offensichtlich keine Verwandten, die es ihm erzählen könnten. Das Gefühl, nicht zu wissen, woher er stammt und wohin er gehen soll, bringt ihn an das Ende seiner Kräfte.

In den ersten Lebensjahren ist er in einem Auffanglager für Waisen aufgewachsen, bis er in eine Lebensgemeinschaft integriert wurde. Er war getrieben von der Sehnsucht, die Wurzeln seiner Herkunft zu finden und hat es nie lange an einem Ort ausgehalten, obwohl sich alle bemühten, ihm ein echtes Zuhause zu geben. Alle Angebote empfand er immer nur als Ersatz für etwas, das ihm verwehrt bleiben sollte. Er ist hier, um zur Ruhe zu kommen. Irgendjemand hatte ihm gesagt, dass er sich selber ein Zuhause geben, und dass er dieses Zuhause in seinem Herzen finden kann. Das möchte er nun suchen. Ein Blick in die Runde, in die Gesichter der anderen Männer und das zustimmende Nicken einiger, scheinen ihm eine Hilfe zu sein, was seine schimmernden Augen verraten.

Thorben wartet nicht lange, um nun auch sich einzubringen. Doch als er sprechen will, versagt ihm seine Stimme den Dienst. Er wirkt ganz plötzlich fahrig und nervös. Stundenlang war er kaum wahrzunehmen. Hatte keinen Laut von sich gegeben und auch energetisch war er für Merlina fast nicht präsent. Nun öffnet er den Mund und bekommt kein Wort heraus. Er räuspert sich, doch das hilft nichts. Andrée sitzt neben ihm und fasst ihn vorsichtig am Arm. Eine Geste, die ihn sicher stützen sollte, doch Thorben zuckt zusammen, steht dann hektisch auf und will quer durch den Raum zur Tür eilen. Seine Augen drücken Panik aus, dann zögert er für einen kurzen Moment, als er vor Philipp steht und schaut ihn direkt an.

Philipp wirkt sehr gelassen, und Merlina ist gespannt, wie er reagieren wird. Philipp steht ganz ruhig auf und bietet Thorben seinen Platz an. Merlina ist fasziniert von der scheinbar einfachen Lösung. Thorben ist so perplex, dass er ohne Zögern den Platz mit Philipp tauscht und eh er sich versieht, sitzt er im Sessel und Philipp geht hinüber und nimmt drüben auf dem leeren Sessel seinen Platz ein. Das Ganze hat nur ein paar Sekunden gedauert und hat doch augenblicklich die Spannung aus der Situation genommen. Thorben bedankt sich immer noch fahrig, aber mit einem leisen Kichern und stellt an Philipp die Frage, ob das eine Reaktion der Stimme seines Herzens war.

Philipp horcht in sich hinein und bestätigt es dann. Dieser kleine Zwischenfall bringt eine alltägliche Stimmung in den Raum, und das Nachlassen der Anspannung gibt Thorben die Möglichkeit, nun noch einmal anzusetzen. Er ist der Sohn eines Finanzmaklers, der auf der Höhe der Wirtschafts- und Finanzkrise sein gesamtes

Vermögen verloren hat. Seinem Vater war das Geld immer sehr wichtig. Damals hat er das nicht so einschätzen können, aber heute weiß er, dass dieser sich durch und über das Geld definierte. Als ihm dann nichts mehr geblieben war, die beiden Häuser verkauft werden mussten und auch die schnellen Autos unter den Hammer kamen, wusste sich der Vater keinen anderen Rat, als die gesamte Familie zu erschießen.

Alle, außer Thorben. Der war beim Sport, ihn hatte der Vater in seiner Verzweiflung offensichtlich vergessen. Als Thorben nach Hause kam, hat er sie dort liegen sehen - seine Mutter, seine beiden Schwestern und den Vater. Er war damals erst elf Jahre alt, stand neben den Toten und konnte nicht reagieren. Damals konnte er nicht einmal weglaufen. Er muss dort Stunden neben den Leichen gestanden haben, denn als ein Freund der Familie durch die offen stehende Eingangstür kam, war er wie angewachsen, wie zur Salzsäule erstarrt. Sie brachten ihn dann weg, und seine Erinnerung bricht an der Stelle ab. Die darauffolgenden Jahre hatte er ausgeblendet, auch alles, was davor war. In seiner Erinnerung ist nur noch der Moment, in dem er die tote Familie fand.

Irgendwann mit Dreißig fing er eine Therapie an und konnte sich langsam mit seiner Vergangenheit beschäftigen. Lange Zeit hatte er der Gesellschaft die Schuld für die Verzweiflung seines Vaters gegeben. Lange Zeit hatte er sein großes Vorbild nicht angetastet und es hat sehr weh getan, als er es dann eines Tages doch differenzierter zu sehen lernte. Thorben hatte es von Anfang an begrüßt, dass das leidige Thema Geld durch dessen Abschaffung von der Gesellschaft genommen wurde. Dadurch entstand ein immenser Freiraum für die Beschäftigung mit anderen Themen, die aus seiner Sicht viel wichtiger waren. Auch wenn er schon die meiste Zeit seines Lebens hinter sich hat, so möchte er für die restlichen Jahre so etwas wie einen Sinn für sein Leben finden. Deshalb sei er nun hier und auf der Suche nach der Stimme seines Herzens. Wenn ihm die Teilnahme an diesem Seminar ermöglicht, so souverän und warmherzig zu reagieren, wie er es gerade eben bei Philipp erlebt hat, dann weiß er, dass es genau das Richtige für ihn ist, hier zu sein.

Ein allgemeines Kopfnicken bestätigt seine Worte noch einmal, dann schaut er Philipp an und fragt ihn, ob dieser nun wieder auf seinen Platz zurückkehren möchte, macht aber keine Anstalten, aufzustehen. Und so lächelt Philipp ihn an und erklärt ihm, dass ihm beide

Plätze gleich viel wert sind, er könne die Entscheidung für sich nach der nächsten Pause treffen.
Diese Aussage nimmt Clarissa sofort auf und kündigt die Mittagspause an. Merlina schaut in die Runde und bedankt sich bei den Männern dafür, dass sie an der Gesprächsrunde teilnehmen durfte. Sie wünscht ihnen gutes Gelingen und verabschiedet sich. Die nächsten anderthalb Tage wird sie nicht mehr in der Runde sein. Sie kennt die Arbeit ihrer Mutter und da sie keine wirklichen Aufgaben darin übernehmen könnte, möchte sie auch nicht nur als Zaungast anwesend sein. Ihre Mutter wird in den nächsten Stunden über das schon vorhandene Maß an Vertrauen noch dichtere Energien in den Raum geben. Sie wird einen energetischen Rahmen schaffen, der es den Männern ermöglicht, sich vor sich selbst und den anderen noch weiter zu öffnen. Sie wird sie lehren, wie sie die Stimme ihres Herzens von all den anderen Stimmen in sich unterscheiden können. Sie wird ihnen dabei helfen, herauszufinden, woher die anderen Stimmen kommen und wie sie am besten damit umgehen können. Und dann wird sie ihnen zeigen, wie wohltuend es ist, wieder mit der eigenen Herzstimme in Kontakt zu treten und ihr zuzuhören. Sie wird ihnen beistehen, wenn die negative Gefühle aufkommen und sich in den Vordergrund drängen und wird sie ermutigen, diese anzunehmen. Clarissa wird ihnen mehrere Möglichkeiten zeigen, die Gefühle zu leben, ohne daran zugrunde zu gehen. Sie wird ihnen mit ihrem ganzen Sein das Weibliche Prinzip vorleben, ohne ein einziges Mal dieses Wort zu erwähnen. Und Philipp wird in diesen Tagen für das Männliche Prinzip stehen und den Männern bewusst machen, dass sie erst vollkommen sind, wenn sie beide Aspekte in sich erkennen und leben. Von ihm werden sie erfahren, dass ihre Gesundheit erst dann ganzheitlich ist, wenn sie nichts mehr unterdrücken. Und dass sie erst dann „ganze Kerle" sind, wenn sie auch ihren weiblichen Anteilen eine echte Chance geben. Und wie fast bei allen Gruppen werden auch diese sechs Männer in kurzer Zeit zu einer eingeschworenen Gemeinschaft zusammenwachsen und sich auch nach diesem Treffen beistehen. So sind bereits unzählige, lebensbegleitende Freundschaften entstanden, die nicht selten bis zum Tode bestehen bleiben.
Merlina hat für heute Nachmittag noch etwas anderes vor. Sie hat noch am Vorabend erfahren, dass sich eine Gruppe von Frauen um das Thema der Göttlich-Weiblichen Sexualität trifft. Sie selbst hat

schon häufiger an solchen Treffen teilgenommen, allerdings waren das immer Gruppen mit Frauen in ihrem Alter.
Die anwesenden Frauen sind bereits durch ihre Wechseljahre gegangen. Also Frauen, die noch mit der früher praktizierten Sexualität ihre Erfahrungen gemacht haben. Beim Frühstück hatte Merlina die Leiterin dieser Gruppe angesprochen und gefragt, ob sie am Nachmittag teilnehmen dürfe und diese hatte es ihr erlaubt.

Auf dem Weg zur Mittagspause trifft sie Natalie vor dem großen Kamin in der Eingangshalle. Sie winkt Merlina zu sich herüber und bedeutet ihr, sich zu ihr zu setzen. Sie berichtet ihr davon, dass die Runde heute Vormittag bereits über die alten Zeiten gesprochen hat. Die Frauen haben Situationen und Erfahrungen über ihre Sexualität zusammengetragen und auch deren Auswüchse beschrieben. Da dies ja der eigentliche Anlass für Merlina sei, an der Runde teilzunehmen, müssten sie nun irgendwie umdisponieren.
„Wenn es dich interessiert, dann gebe ich dir einen Überblick, und auch meine eigenen Erfahrungen aus der alten Zeit, gerne weiter. So wie wir heute sexuelle Liebe als göttliches Geschenk und heiligen Akt sehen, so war es sicher auch schon einmal in ganz, ganz frühen Zeiten. Allerdings liegt es schon viele tausend Jahre zurück. Seit dem Mittelalter und in der Hochblüte eines Zerstreuungszeitalters, der damaligen Neuzeit, war dieser heilige Akt zur reinen Sexualität verkommen. Daran hatte auch die Religion einen gewissen Anteil, weil sie Teile dieser heiligen Handlung zur Sünde erklärte und ihre Machtstrukturen auch diesen Bereich nicht verschonen.
Als dann zu Luthers Zeiten der eheliche Geschlechtsverkehr auch noch gesetzlich festgeschrieben wurde und wie eine Art Verpflichtung bei Strafandrohung einzuhalten war, glitt alles ins Absurde ab - von heiligem Akt keine Spur mehr. In meinen jüngeren Jahren wurde dann Sexualität immer mehr ein Machtmittel, das in den Beziehungen von beiden Seiten benutzt wurde.
Vielleicht muss ich mit meinen Ausführungen ein Stück zurück

gehen. Meiner Meinung nach fing das Übel mit einem Strukturwandel in einer Zeit an, in der die Männer beschlossen, dass sie die Frauen nicht nur begatten wollten, wann diese es für gut erachteten, sondern jederzeit einen Zugriff beanspruchten, um ihrem Trieb nachgehen zu können. Das muss die Zeit gewesen sein, in der die Paarbeziehungen begannen und die Menschheit sich Pärchen von Mann und Frau verwandelte. Wahrscheinlich war es die körperliche Übermacht der Männer und die ausgeübte Gewalt, die die Frauen nachgeben ließen ... das weiß ich nicht. Jedenfalls war der einstmals natürliche Zustand, dass die Frauen den Zeitpunkt wählten, an dem sie Nachwuchs haben wollten, endgültig vorbei. Es war der Beginn einer rapiden Bevölkerungsexplosion und ging einher mit der Unterdrückung der heiligen Weiblichkeit und der Unterjochung der Frauen. Die Großfamilien und Frauengemeinschaften wichen später dann mehr und mehr einer Individualisierung. Die Großfamilie als Sippe wurde in der Folge durch kleinste Familienstrukturen ersetzt. In diesen Mutter-Vater-Kind-Beziehungen wurde es den Frauen immer schwerer gemacht, ihrer Natur entsprechend zu leben. Die stützende und schützende Struktur einer Frauengemeinschaft wurde dadurch systematisch untergraben. Frauen waren den Strukturen von Gewalt und Macht des Männlichen Prinzips noch stärker ausgesetzt. Der große Konflikt war der fehlende Kampfeswille gegen etwas, der im Weiblichen Prinzip nicht vorgesehen ist. Um ein Mittel gegen die Unterdrückung zu finden, mussten die Frauen das Männliche Prinzip in sich aktivieren und kamen so immer weiter weg von ihren Wurzeln. Die damals fehlende Unterstützung des Männlichen Prinzips für die Ziele und die Natur der Frauen machte deutlich, dass diese beiden Systeme komplementär sind und nur ihr Zusammenspiel glückliche Menschen hervorbringen kann.

Es war erst ein paar Jahrzehnte vor dem Umsturz, als ein Gesetz erlassen wurde, dass die Frauen frei entscheiden durften, ob sie mit ihrem Mann schlafen wollten, oder nicht. In diesem Gesetz wurde der mittelalterliche Anspruch der Männer auf Sexualität in der Ehe endlich abgeschafft und ein Übergriff, auch wenn er in einer Ehe geschah, als Vergewaltigung angesehen. Die Strafen für Männer, die Frauen vergewaltigten, waren allerdings eher im Bereich von Kavaliersdelikten angesiedelt und vor allem mussten die Frauen Vergewaltigungen lückenlos beweisen können, was oft nicht einfach war. Statistiken der Zeit gaben an, dass wahrscheinlich jede dritte Frau sexuell missbraucht oder vergewaltigt worden war. Kindesmissbrauch war an der Tagesordnung und durch das Internet nahm das Thema Pädophilie einen unsäglich großen Raum ein und zeigte die sexuelle Fehlentwicklung der Menschheit deutlich. Die nichtgestillten Triebwünsche der Männer pervertierten immer mehr. Frauen- und Kinderhandel entstanden und dienten dem Nachschub für die Zwangsprostitution. Es gab ganze Länder, in denen Mädchen-Kinder und heranwachsende junge Frauen ihre Familien durch Prostitution ernährten und es gab einen passenden Tourismus für die entartete Sexualität der Männer. In dieser Massenbewegung gab es bereits zu viele Frauen, die sich ihres Weiblichen Prinzips nicht mehr bewusst waren und viel Geld damit verdienten. Sie hatten sich so sehr auf das Männliche Denken eingelassen, dass sie den Schaden, den sie dadurch nahmen, gar nicht mehr spüren konnten. So wurde diese Entwicklung auch von Frauen unterstützt, wenngleich ihre Zahl, prozentual gesehen, eher gering war. Ich sage es dir, damit du nicht den Eindruck bekommst, ich wäre grundsätzlich gegen Männer. Dennoch kann ich nicht leugnen, dass wir diese Extreme dem Männlichen Prinzip zu verdanken hatten.

Sexualität war zu einem Machtinstrument geworden und zu einer Ware. In der Werbung war dies deutlich zu spüren. Überwiegend anzügliche Bilder nackt dargestellter Frauen sollten die männliche Welt anheizen und taten es auch. So manche Frau fühlte sich in diesem Umfeld geschmeichelt und merkte gar nicht, wie diskriminierend und abträglich es für ihre Göttlichkeit war.

Die Jahrtausende währende Unterdrückung hatte Stilblüten hervorgebracht und die Natur der Dinge umgekehrt. War und ist es in fast allen Bereichen der Natur so vorgesehen, dass sich die Männchen anstrengen mussten, um der Auserwählten zu gefallen, so hatten die Menschen dies genau umgekehrt. Jetzt mussten die Frauen den Männern gefallen. Hat die Natur die Männchen mit bunteren Farben ausgestattet und ihnen Balzrituale mitgegeben, so wurde nun den Frauen klargemacht, dass sie sich attraktiv gestalten mussten, um erhört zu werden. Jahrtausendelange Gehirnwäsche führte dazu, dass viele Frauen an die Richtigkeit dieser Umkehrung glaubten. Damit lernten die Frauen etwas, was im Weiblichen Prinzip nicht vorgesehen ist: Macht! Fortan setzten viele Frauen die Sexualität als Machtmittel ein und es waren nicht mehr die „Männchen", die verführten, sondern die „Weibchen". Der Preis, den sie dafür bezahlten, war sehr hoch.

Im Laufe dieses Systems konnten die Frauen nicht mehr entscheiden, ob und wann sie schwanger wurden. Selbst die Entscheidung, ein Kind auszutragen oder nicht, wurde ihnen genommen und ein Abbruch zur Sünde und zum Gesetzesbruch erklärt. Wenn Sexualität zum Machtgegenstand wird, dann kann von kosmischer Liebe nicht mehr die Rede sein. Durch die Abspaltung der Liebe vom Akt der Vereinigung zweier Menschen entstand reine Sexualität und damit ein Vakuum. Liebe wurde neu definiert und beinhaltete nur noch die Erfüllung der eigenen Bedürfnisse. Menschen behaupteten, einander zu lieben, erwarteten dafür aber die Erfüllung ihrer Wünsche. Liebe kam und Liebe ging, was sich in einer immens hohen Scheidungs- und Trennungsrate der Paare ausdrückte. Der göttliche Aspekt wurde durch den zutiefst kindlichen Aspekt der Bedürfnisbefriedigung ersetzt. Dabei galten diese sogenannten, die Liebe erhaltenden, Attribute wie Fürsorglichkeit, Zugewandtheit und Verständnis als besonders erstrebenswert.. Dies sind zweifellos Eigenschaften einer guten Mutter oder eines guten Therapeuten, aber können wir damit wahre Liebe beschreiben? Ich hatte damals oft das Gefühl, dass die Menschen auf beiden Seiten der Geschlechter auf der Suche nach Privattherapeuten waren oder die inzwischen nicht mehr zur Verfügung stehenden Elternteile auf's neue im Partner suchten, um die Kindheit zu verlängern und nicht erwachsen werden zu müssen.

Sexualität jedenfalls war nicht länger das Ergebnis einer bedingungslosen Liebe zweier Menschen zueinander, sondern vielmehr Mittel zum Zweck. Das war auch daran festzumachen, dass der Orgasmus eine so wesentliche Rolle dabei spielte. Ob es gut oder nicht gut war, wurde an der Häufigkeit oder der Intensität eines Orgasmus festgemacht. Dies ist ein sehr linearer Gedanke und wird einem zyklischen Anspruch nicht gerecht.

Zu meiner Zeit als sexuell aktive Frau, haben alle Frauen geschmunzelt, wenn irgendein Mann kundtat, dass seine Frau die tollsten Orgasmen hätte. Es war schon fast ein ungeschriebenes Gesetz dieser Zeit, dass sich die Frauen darin übten, ihren Orgasmus vorzutäuschen. Nur wenige Männer waren wirklich in der Lage, einer Frau ein ausgefülltes Sexualleben zu geben, denn die meisten hatten das Wichtigste verlernt: Die Anerkennung der Frau als schöpferische und gebärende Göttin! In der göttlich sexuellen Liebe dient der Mann dieser Göttin in der Frau und ist weit davon entfernt, sie beherrschen zu wollen. Seine ganze Liebe fließt in die Vereinigung ein und endet

mit dem ekstatischen Gefühl der gemeinsamen Göttlichkeit.
Ich weiß, es gab auch damals bereits Menschen, die sich mit diesen Aspekten auseinandersetzten. Ich erinnere mich an zwei wunderbare Bücher, die ihrer Zeit weit voraus waren und deshalb von vielen Menschen nur mit einem Lächeln quittiert wurden. Was für dich heute normal und natürlich ist, hatte bereits Brigitte Jost damals in ihrem Buch „Aquaria - die Göttin kehrt zurück" beschrieben. Aber zur Zeit des Erscheinens dieses Buches war die Spiritualität, die als Voraussetzung vorhanden sein musste, erst im Anfangsstadium. Immerhin war der Übergang zwischen Fische-Zeitalter und Wassermann-Zeitalter noch nicht vollends geschafft. Und ich erinnere mich an einen männlichen Autoren, der sich über die Sexuelle Liebe auf göttliche Weise Gedanken machte und sie zu Papier brachte. Der Inhalt des Buches von Barry Long war, trotz der wunderbaren Rolle der Frauen in dieser göttlichen Sexualität, selbst für die meisten Frauen der Zeit nicht nachvollziehbar, so perfekt war die weibliche, unnatürliche Umkehr über die Jahrtausende gelungen."
Natalie schaut auf die Uhr und bemerkt, dass es Zeit wird, in die Gruppe zu gehen. Sie unterbricht das Gespräch mit Merlina für einen Moment und deutet dann auf die offenstehende Tür am Ende des Ganges. Erwartungsvoll folgt Merlina ihr in den Raum.
Dort haben es sich bereits eine Handvoll Frauen bequem gemacht. Die Stimmung ist hier ganz anders als am Vormittag. Es gibt keine Anspannung und keine Sorgen. Die Frauen sind zu einem Gedankenaustausch zusammengekommen und genießen es, ihre Erfahrungen miteinander zu teilen und ihr Bild vom Geschehen dadurch zu komplettieren. Merlina genießt deutlich das positive, schwesterliche Klima der Weiblichen Energie. Diese Atmosphäre hat ganz und gar keinen Seminarcharakter. Mit einem Becher Kaffee oder Tee in den Händen sitzen sie da und berichten, was sie nach dem Umbruch und der Wiedereinführung des Weiblichen Prinzips erlebt haben. Vor allem, wie die Männer mit dieser neuen Situation umgegangen sind. Eine Frau erzählt von ihrem Mann, den sie damals bereits sehr liebte und es heute immer noch tut. Zwar hatte sie ihn kurz verlassen, um ihre Solidarität mit dem Weiblichen Prinzip zu bekunden, doch war er ihr sehr schnell in die neue Lebensgemeinschaft gefolgt.
„Er war erleichtert über die Situation gewesen, denn das Machogehabe war ohnehin nie sein Ding gewesen und er fand es spannend, seine geliebte Frau als Göttin sehen zu dürfen und wieder lernen zu

können, dass ihre gemeinsame Liebe etwas Göttliches ist. Er konnte sich lange nicht vorstellen, dass auch er ein Gott in diesem Sinne sein sollte, aber mit der Zeit spürte er es. Je mehr es ihm gelang, das göttliche Potential in mir wachzurufen, desto mehr fühlte auch er die göttlichen Aspekte in sich selbst. Das war eine sehr aufregende Zeit und ich bin ihm sehr dankbar dafür, dass er diese Entwicklung mit so großer Neugier und Freude durchlebt hat. Ich habe in der Zeit viel von ihm gelernt und profitiert. Und was mich heute immer noch besonders stolz macht ist, dass wir beide schon bald zu lebendigen und wahrhaften Vorbildern für viele unserer Freunde wurden. Unsere Sexualität war getragen von Respekt und Achtung, die wir füreinander empfanden, und hatte eine von uns beiden nicht mal erahnte Qualität erreicht. Für meinen Mann war es nach ein paar Jahren schon kaum mehr vorstellbar, dass ihm der vorher so reduzierte Sex überhaupt ausgereicht haben sollte. Wir lernten, auf die Gefühle des anderen einzugehen, sie quasi gleichzeitig wahrzunehmen. Das gab uns eine bis dahin ungekannte Nähe und förderte das gegenseitige Verständnis. Wir mussten nicht über unsere Gefühle oder Sehnsüchte reden, wir lebten sie miteinander ohne Worte. Vielleicht war gerade dies auch das Göttliche daran. Wir verstanden uns, wir fühlten uns, wir liebten uns und nichts blieb offen.

Unsere Fähigkeiten diesbezüglich entwickelten sich von Jahr zu Jahr weiter, und wie ein Spiegel veränderte unsere Sexualität unser gesamtes Leben, denn wir übertrugen das Gelernte auf alle erdenklichen Situationen. Die Verschmelzung, die wir in der Sexualität erfuhren, wurde Teil unseres Alltags. Intuitiv merkten wir, dass es erst ein Anfang war und dass wir noch viel mehr zu erwarten hatten. Bis heute sind wir beide neugierig geblieben und haben unglaublich viele Stufen unserer Sexualität durchlebt, die sich immer wieder veränderte, weil auch wir uns veränderten, und natürlich wurden wir in den letzten Jahren auch nicht jünger und unsere Körper reagierten immer wieder anders aufeinander. Sexualität zu einem göttlichen Akt zu machen, hat es uns ermöglicht, auch jetzt noch mit über Siebzig eine unglaublich beglückende Sexualität zu leben - so vielfältig und so befriedigend."

Sie schmunzelt und über ihrem Gesicht liegen der Schimmer und der Glanz dessen, was sie gerade geschildert hat. Eine etwas jüngere Frau in einem farbenprächtigen Gewand schaut anerkennend in ihre Richtung und lässt dann den Blick in die Runde schweifen, um zu prüfen, ob sie fortfahren kann.

„Ich hatte zur Zeit des Umbruchs bereits viele Männer erlebt. Ich entsprach genau den gesellschaftlichen Vorgaben der Zeit. Ich war schlank, trug langes, gewelltes, blondes Haar, ließ mir die Fingernägel künstlich verlängern. Ich trug ständig High-heels, kurze Röcke und tiefe Dekolletés. Die Männer schauten mir nach und wollten mich alle unbedingt ins Bett bekommen. Sie versprachen mir das Blaue vom Himmel, aber sexuell waren sie im Grunde alle mehr oder weniger unerfahren, hielten sich aber für die tollsten Hengste. Größtenteils waren sie auf ganz bestimmte sexuelle Praktiken fixiert, die sie irgendwann bei irgendwem mal gelernt hatten. Dass sie mich damit langweilten, kam ihnen gar nicht in den Sinn. Damals fand ich keinen Mann, der auch nur ansatzweise herausgefunden hätte, wie er mit mir als Frau wirklich umgehen müsse, damit ich mein ganzes weibliches Potential entfalten konnte. Meine Erfahrung war, dass die meisten dachten, dass sie durch Entwicklung besonders hektischer Aktivitäten eine Frau glücklich machen könnten. Sie waren tatsächlich der Meinung, dass die Größe oder Länge ihres Genitals für die Intensität der weiblichen Lust von ausschlaggebender Bedeutung sein könnte."

Ein keckes Lächeln erscheint auf ihrem Gesicht, und sie schmunzelt in sich hinein.

„Im Grunde kamen sie mir vor wie große Jungs, die stolz waren, wenn sie gelobt wurden und ihre Sexualität häufig genug mit einer schulischen Leistung und mich mit ihrer Lehrerin verwechselt haben. Aber ich muss gestehen, dass ich damals noch nicht wirklich wusste, was in mir schlummerte. Geahnt habe ich es schon immer und allein dadurch, dass ich nie wirklich zufrieden war, wuchs in mir der Wunsch nach einer anderen Art von Sexualität. Wenn ich das früher mal angesprochen habe, dann erntete ich bei den Männern nur verständnislose Blicke. Als dann Jahre später die ersten Schulen für Göttliche Sexualität eröffneten, war ich erstaunt, so viele Männer dort anzutreffen. Ich glaube, es ist vielen von ihnen sehr schnell klar geworden, dass die reine Befriedigung ihrer Triebe keine Frau mehr hinter dem Ofen vorlocken würde und dass zu einer wirklich befriedigenden Sexualität viel mehr gehört. Ich war angenehm überrascht von der Neugier und dem Einfühlungsvermögen der Männer, mit denen ich dort gemeinsam lernte. Es kam mir so vor, als hätte eine Reihe von ihnen ganz versteckt in den Startlöchern gewartet, bis sie endlich aus ihrer anerzogenen Männlichkeitsschleife ausbrechen durften und dafür auch noch Anerkennung und Respekt ernteten. Es war eine klasse Zeit für mich. Endlich konnte ich mein doch ziemlich armseliges Männerbild revidieren, und meine Sehnsucht nach einer nachhaltigen und partnerschaftlichen Liebe bekam neue Nahrung. Ein paar Jahre später fand ich dann endlich die mir bestimmte, große Liebe und wir sind beide bis heute sehr glücklich miteinander. Ich bin mir sicher, dass der veränderte Umgang mit der Sexualität dafür verantwortlich war, dass auch die Beziehungen wieder länger hielten. Wie eben bereits erwähnt wurde, übertrug sich die Einstellung in diesem Bereich auf das ganze Leben, und die wirkliche Liebe, die nicht an Bedingungen geknüpfte Liebe, konnte in unseren Beziehungen wieder Einzug halten."

Zufrieden und genüsslich kaute sie die letzten Worte fast heraus und ließ sie sich auf der Zunge zergehen. Merlina betrachtet die Frau anhaltend. Sie ist nicht mehr blond, sondern grauhaarig. Sie hat weibliche Rundungen, ohne dick zu sein, und sie strahlt unendlich viel Wärme aus, Güte und Weisheit. Und die Ausstrahlung, die sie in den Raum freigibt, bezeugt, dass sie eine wahre Göttin ist. Die nächsten Beiträge hört Merlina nur von weitem, denn sie taucht unbeabsichtigt in ihre eigene Gedankenwelt ab. In ihrer Generation hat Sexualität einen ganz anderen Stellenwert bekommen. Die Zeit des Ausprobierens und Lernens ist vorbei. Das haben die Generationen vor der ihren in den letzten Jahrzehnten bereits geleistet. Für Merlina ist klar, dass Sexualität ein göttlicher Akt ist, der mit der Sehnsucht nach Vollkommenheit einhergeht. Seit sie in sich sexuelle Gefühle entdeckt hat, beschäftigt sie sich mit ihren göttlichen Anteilen und öffnet sich einer inneren spirituellen Führung, die ihr den richtigen Weg weist. Es besteht für sie keine Eile mit der Umsetzung. Für sie ist es undenkbar, diese göttliche Energie mit irgendjemandem zu teilen oder besser gesagt, zu multiplizieren. Wenn der richtige Zeitpunkt da ist, wird sie ihn spüren. Dieses Wissen ist keine jugendliche Schwärmerei oder romantische Verklärung. Es ist die erhöhte Qualität einer anderen Dimension des Seins, der sie sich anvertraut hat. Und so sind auch die Männer ihrer Generation dem Triebleben entwachsen und befinden sich auf der gleichen Qualitätsebene wie die Frauen. Die größte Autorität der Männer ihrer Generation liegt darin, die Göttin in der Frau zu wecken und zu fördern. Diese jungen Männer brauchen keine Machtstrukturen mehr, um sich männlich zu fühlen.

Sie haben gelernt, aus tiefem Herzen zu lieben. Ihnen ist das Wissen vertraut, dass nur sie durch ihre Liebe und die Ehrerbietung in der Lage sind, diese Göttlichkeit in einer Frau gänzlich zur Entfaltung zu bringen, und sie sehen es als ihre höchste Aufgabe an. Das, genau das, macht sie zum Mann, nicht eine zügellose Triebhaftigkeit.
Die Befriedigung, die sie aus dieser neuen Rolle ziehen, bereichert ihr Leben in einem extrem hohen Maße. Die Liebe, die sie dadurch erfahren, gibt ihnen Kraft und Energie und ist die Grundlage für ihr eigenes erfülltes, göttliches Sein. Ein Liebesakt, wie ihn sich Merlina vorstellt, ist keine kurze tägliche Angelegenheit nach dem Zubettgehen zwischen Spätnachrichten und Albtraum, getragen von Quantität und Akrobatik und der Gier nach Orgasmen. Die Art, wie sich ihre Generation liebt, gleicht eher einem Festakt, dessen wichtigste Bestandteile Liebe und Zärtlichkeit sind. Beidseitige Verehrung und das Wissen um die Verschmelzung der Energien zur Erreichung der Vollkommenheit sind die Grundlage eines Liebesspiels, das einem Prozess gleichkommt, der in völliger Hingabe geschieht und nicht willentlich gesteuert, sondern genussvoll erlebt wird.
Die seelische und spirituelle Entwicklung der Menschen in der neuen Zeit hat aus dem uralten biblischen Wort ‚liebe deinen Nächsten wie dich selbst' ein lebensnahes Konzept hervorgebracht, in dem Bewertungen in den Hintergrund getreten sind. Die Hingabe an die Liebe und an das Wissen, dass alles im Universum seine Richtigkeit hat, führte dazu, dass die Menschen sich selber in ihrer Ganzheit anzunehmen lernten und damit auch die Andersartigkeit der anderen begrüßen. Das Bewusstsein darüber, dass alles, was wir anderen antun, wir auch uns selber zufügen, ergibt sich aus aus der Verbundenheit mit ALLEM WAS IST. Diese tiefe innere und äußere Verbundenheit bildet die Grundlage für ein wertschätzendes und liebevolles Miteinander der heute lebenden Generationen.
Eine zärtliche Berührung am Arm holt Merlina zurück in die Gegenwart. Natalie steht neben ihr und schmunzelt. Ganz augenscheinlich liest sie in ihrem Gesicht die Gedanken. „Wir machen jetzt eine Pause. Kommst Du mit?" „Oh, ja, natürlich. Entschuldigung, ich bin in meiner eigenen Welt spazieren gegangen." Merlina schließt sich der Gruppe Frauen an. Im Aufenthaltsraum trifft sie Clarissa und verabredet sich mit ihr für den Abend.

In den privaten Räumen ihrer Mutter brennt ein Feuer im Kamin. Das Zimmer ist ganz in weiß eingerichtet und Merlina kommt sich jedes Mal so vor, als würde sie in eine Wolke eintreten und schweben können. Sie liebt diese Umgebung sehr. Alles scheint hier so einfach, so durchlässig. Das macht es ihr leicht, auch über die schwierigsten Gedanken zu sprechen. Heute tut ihr die Leichtigkeit des Weiß besonders gut, weil sie die vielen schwerwiegenden Eindrücke der vergangenen Tage in sich trägt. Es war eine Menge Information, die sie aufgenommen hat, und es war wahrlich keine leichte Kost für sie.

Merlina erzählt ihrer Mutter von den Gefühlen, die sie beschäftigen, und dass sie in den letzten Tagen immer wieder mal das Gefühl habe, sie würde die Erfahrungen der alten Zeit am eigenen Leibe nacherleben. Doch dann geht das Gespräch sehr bald in eine andere Richtung. Das gegenseitige Interesse von Mutter und Tochter an der anderen Leben ist so groß, dass sie auch die Prozesse miteinander teilen, die sie gerade durchlaufen, und auch, welche Erkenntnisse sie daraus gewinnen. Merlina bekommt in solchen Gesprächen nie den Eindruck, dass ihre Mutter die weisere ist und nur sie von ihr lernen kann. Sie erlebt ihre Mutter in einem ständigen Wandel, immer noch genauso neugierig wie eh und je und immer noch bereit, dazuzulernen. Und so sind sie sich beide Lehrerin und Schülerin zur gleichen Zeit.

Merlina bekommt ein inneres Signal, dass sie sich auf den Heimweg machen möchte, und ihre Mutter bringt sie hinunter in die Halle. Draußen ist es bereits dunkel geworden. Der Abend ist mild, selbst der leichte Wind hat noch eine angenehme Temperatur.

„Ich werde die paar Kilometer zu Fuß zum Bahnhof gehen. Es ist so ein schöner Abend, und es ist bestimmt wunderbar, einen Spaziergang durch den Wald zu machen." Clarissa lächelt ihr zu und nickt. Sie umarmt sie herzlich und bleibt an die Tür gelehnt, bis sie Merlina nicht mehr sehen kann.

Als sie die Tür hinter sich schließt, bleibt das Lächeln auf ihrem Gesicht bestehen. Ihre Gedanken gehen zu Merlina. Wie schön, dass sie in heutigen Tagen wieder einfach nachts durch den Wald spazieren können, ohne sich Gedanken darüber machen zu müssen, ob ihnen etwas zustoßen könnte.

Die Zeiten, in denen Frauen nachts oder im Dunkeln nicht ohne Begleitung durch Parks oder Straßen gehen konnten, sind lange vorbei. Alles ist wieder sicher geworden. Viele Menschen sind im Dunkeln noch auf den Wegen und Straßen unterwegs. Spazierengehen ist zu einem Volkssport geworden. Wenn sich Menschen auf den Wegen treffen, dann gehen sie oft ein Stück gemeinsam, lernen sich kennen und reden miteinander. Manche genießen auch die Stille und Einsamkeit dabei. In den ersten Jahren nach der Rückkehr des Weiblichen Prinzips gab es immer wieder herumstreunende Männergruppen, die sich mit den neuen Begebenheiten nicht arrangieren wollten. Sie waren eine echte Gefahr für alle anderen.
Durch die Einhaltung des neuen Gesetzes, dass niemand einem anderen schaden dürfe, wurden diese Männer in der ersten Zeit unter die Aufsicht von Männergruppen gestellt, in denen sie lernen konnten, welche Vorteile das neue System auch für sie hatte. Für viele der integrierten Männer war es das erste Mal, dass sie Solidarität ohne Macht erlebten. In den Männerunterkünften lernten sie, über sich, ihre Gefühle und ihre Geschichte zu reden. Auch um die Gewalttätigen unter den Männern kümmerten sich die Männer selber. Vielen war daran gelegen, nicht ständig durch die alten Muster zu untermauern, warum es zwangsläufig in dieser Welt zu einem Umsturz kommen musste. Viele Männer arbeiteten darauf hin, das Pendel so schnell wie möglich in eine ausgewogene Position zu bringen, deshalb waren sie sehr bemüht, ihre Geschlechtsgenossen in die richtige Richtung zu bewegen und lehrten sich gegenseitig, wie sie das Weibliche in sich zum Blühen bringen konnten, ohne ihre Männlichkeit zu verlieren, sondern sie damit noch zu stärken. Sie verwandten viel Zeit darauf, die alten Vorstellungen von Männlichkeit durch eine neue Qualität zu ersetzen.
Darum mussten sich die Frauen gar nicht kümmern. Die Gefängnisse wurden auf Wunsch der Männer ganz abgeschafft, und anstelle dessen wurden Wohngemeinschaften aufgebaut, die die neuen Werte verkörperten und weitergaben.
Clarissa wollte auch nie so genau wissen, wie es die Männer aus eigener Kraft geschafft haben, die höheren Entwicklungsstufen des Geistes zu meistern. Sie hatten ihre eigenen Instrumente, sich gegenseitig auf die Sprünge zu helfen. Für Clarissa war nur wichtig, was am Ende dabei herauskam. Und mit dem Ergebnis ist sie zufrieden. Es gibt keine Zwischenfälle in der Öffentlichkeit mehr und alle sind

nachhaltig wieder in ihrem Leben sicher vor Macht und Gewalt.
Es ist ein Beispiel, für das sie den Männern große Hochachtung entgegenbringt. Die hohe Kriminalitätsrate hatte in den alten Zeiten zu einer beträchtlichen Anzahl von Gefängnissen geführt. 80 Prozent der Gefängnisinsassen waren Männer. Der Strafvollzug war modernisiert worden und es waren viele Einrichtungen entstanden, in denen die Gefangenen sich resozialisieren sollten. Es gab ebenso die Möglichkeit für Sport und Therapie, wie auch für verschiedene Ausbildungen. Manche Gefängnisse waren kleine, autarke Dörfer. Nach dem Umbruch wurden diese Gebäudekomplexe umgebaut und mit kleinen Wohneinheiten ausgestattet. Viele Männer sind sehr gerne in diesen etwas skurrilen Wohngemeinschaften geblieben, denn sie hatten große Vorteile. Männer, die es nicht mehr gewohnt waren, in normalen sozialen Umfeldern zurecht zu kommen, wurden hier weiterhin rundum versorgt. In der Kantine konnten sie ihre Mahlzeiten einnehmen und in der Wäscherei ihre Wäsche waschen lassen. Sinnigerweise lebten sie in der Zeit ihrer Gefangenschaft bereits so, wie es später für alle normal werden sollte. Sie arbeiteten für die Gemeinschaft, indem sie an allen Arbeiten beteiligt waren und so ihren Beitrag leisteten.
Nach und nach wurden die Machtstrukturen von innen heraus verändert und die Männer lebten - und leben noch heute - nach Gesetzen, die weitestgehend kompatibel sind, ihren männlichen Bedürfnissen entsprechen und ihnen die Möglichkeit geben, an der Entwicklung der Menschen teilzuhaben. Viele haben ihre Tätigkeiten innerhalb des Systems behalten, viele sind nach außen gegangen, um ihren Beitrag an der Erneuerung der Gesellschaft und dem Abbau der Schäden zu leisten.
Für Clarissa ist dies ein Beweis für die Flexibilität der menschlichen Rasse und für die Anpassungsfähigkeit an gegebene Situationen. Sie respektiert die Andersartigkeit des Männlichen Prinzips und schätzt die Vorteile von Konzentration und Gradlinigkeit und auch die Stärke und Kraft, die für viele Aufgaben erforderlich sind.
Jetzt, so viele Jahre nach dem Umbruch, wird deutlich, wie wunderbar die Ergänzung der beiden Prinzipien ist und auch, wie notwendig es war, das Männliche Prinzip von der Last der Alleinherrschaft zu befreien.
Es kommt ihr in den Sinn, wie dringend notwendig es damals war, die Frauen davon zu überzeugen, dass sie ihren Teil der Verantwortung

wieder in die Hände nehmen mussten, und wie schwierig es war, sie von dem Weg der Gleichheit mit den Männern abzubringen. Männer und Frauen sind nicht gleich, sondern komplementär. Das menschliche Sein besteht aus der Ergänzung aller Aspekte des Weiblichen und des Männlichen Prinzips und nicht darin, alles gleichmachen zu wollen.

Durch die Bestrebung, es den Männern gleich zu tun, kam es zu dieser noch größeren Verschiebung der Kräfte. Den Frauen deutlich zu machen, dass sie gerade das auszeichnet, was jahrtausendelang abgewertet wurde, war keine leichte Aufgabe. Diese unglaubliche Abwertung konnte auf beiden Seiten nur langsam, und mit dem steigenden Bewusstsein für die göttlichen Anteile der Frau, ausgeglichen werden.

Eine der großen Herausforderungen der Umbruchzeit bestand darin, zwischen Gleichheit und gleichem Wert unterscheiden zu lernen und beiden Seiten bewusst zu machen, dass das Universum sich etwas dabei gedacht hatte, als es die Menschen mit unterschiedlichen Fähigkeiten und Strukturen schuf. Die unendliche Weisheit der Schöpfung achtete darauf, dass in jedem Menschen beide Prinzipien als Veranlagungen vorhanden waren und dass sich der Mensch entscheiden kann, welches leichte Übergewicht er leben möchte. Wichtig ist in der Gesamtheit die Balance. Kein Prinzip darf auf Dauer ein so eklatantes Übergewicht erreichen und halten, dass die Balance verloren geht, und jedes Prinzip muss seine besonderen Fähigkeiten in den Dienst der Allgemeinheit stellen. Clarissa schließt die Augen und spürt das Gefühl des Erfolges in sich. Es ist nicht ihr Erfolg, sondern der Gesamterfolg aller Überlebenden und auch der Toten nach dem großen Zusammenbruch.

Der Morgen ist diesig und sehr schön. Die Sonne taucht ganz zart im Hintergrund aus den Nebeln auf und hat es anscheinend nicht leicht, den Nebelschleier aus ihrem Gesicht zu wischen. Die Feuchtigkeit intensiviert den Geruch der Sträucher, und der Tau auf dem Rasen unter Merlinas Füßen gibt dem Untergrund etwas Unschuldiges, etwas Unberührtes. Merlina sitzt auf einer Bank am Ufer des Flusses, der gemächlich an ihr vorbeizieht. Eine kleine Barriere aus Stöcken und Steinen verursacht einen winzigen Stau und lässt das Wasser an der Stelle ein wenig intensiver sprudeln. Das leichte Gurgeln weckt ihre Aufmerksamkeit und ihr Blick haftet an der Oberfläche. Dieses Wasser wird sie in ihrem Leben nie mehr wiedersehen. Es ist immer der gleiche Fluss und niemals dasselbe Wasser. Und so empfindet sie auch ihr Leben, Tag für Tag. Es scheint immer das gleiche zu sein und ist doch nie dasselbe. Weiß scheint die Sonne durch den Nebel und über dem Fluss dampft das Licht. Ihr Herz ist so offen und und ihr Geist so durchlässig. Morgenstunden am Fluss - ein Höchstmaß an spiritueller Kraft. Dieser Platz ist für sie die Quelle von Ausgeglichenheit und Energie.

Ihr Blick gleitet über den Horizont. In der Ferne erkennt sie undeutlich die Produktionsstätten des Handwerks, die diese Gegend versorgen. Alte Fabrikanlagen wurden saniert und für die heutige Zeit hergerichtet. Das bedeutete zuerst einmal, alle Versiegelungen durch Asphalt und Beton zu entfernen und durch grünende Natur zu ersetzen. Oberhalb des ersten Stockwerkes wurde alles weitere abgetragen, damit sich die Gebäude in die Landschaft einpassen konnten. Die modernen Dächer glitzern in der Morgensonne und fangen deren Energie ein. Es gibt keine Produktionsstätten mehr, die von außerhalb Energie benötigen. Jeder Gebäudekomplex ist in sich ein geschlossenes System und völlig autark. Es gibt weder die Notwendigkeit für Energiezufuhr von außen noch entsteht Abfall, der die Produktionsstätte wieder verlassen muss. Alle anfallenden Abfallprodukte werden im Komplex recycelt und entweder wiederverwendet, oder am Ende des Prozesses als Humus in die umliegende Natur abgegeben.

Seit einigen Jahrzehnten gilt auch in der Wirtschaft wieder das natürliche Gesetz. So, wie in der Natur die Abfallstoffe des einen die

Nahrung des anderen ergeben, verhält es sich auch wieder bei der Produktion von Menschenhand. Es gibt keinen sogenannten Müll mehr. In die ewige Nahrungs- und Verwertungskette haben sich auch die Menschen wieder mit einbezogen. Es gibt nur noch saubere Produktionen und saubere Technologien, die bestrebt sind, es der Natur gleichzutun. Gerade im Bereich der nachahmenden Biotechnologie sind in der Vergangenheit große Erfolge erzielt worden und mit jedem Geheimnis, das die Forscher der Natur entlocken, verringert sich der Energieverbrauch der Menschen. Die Produktionsprozesse der Pflanzen und Tiere sind immer noch Vorbild für Forschung und Wirtschaft, weil um ein Vielfaches effektiver und effizienter, als es der Mensch bis jetzt zu leisten vermochte.

Merlina spürt in ihrem Rücken fremde, aber sehr angenehme Energien. Sie schließt die Augen und sensibilisiert sich für die Wahrnehmung. Es scheint ihr, als käme jemand den Weg entlang, auf ihren Platz zu. Hören kann sie noch nichts, aber sie spürt pulsierende Energie. Sie dreht sich nicht um, sondern schult ihre Empfänglichkeit für fremde Schwingungen und Intuition. Jetzt kann sie ein leises, entferntes Knirschen der Schuhe auf dem Kiesweg hören, und sie schätzt, dass die Distanz zwischen ihr und dem Geräusch vielleicht noch einhundert Meter beträgt.

Die Schritte sind fest, doch der Gang klingt beschwingt. Es ist ein Mann, denkt sie. Dann wird die Energie stärker und ihre Intuition empfängt Impulse. Ein Lächeln legt sich auf ihr Gesicht und erreicht die immer noch geschlossenen Augen. Die Energie sammelt sich in ihrer Herzgegend, und sie weiß, wer den Weg zu ihr sucht. Jetzt sind es vielleicht noch zwanzig Schritte bis zu ihr, und sie spürt die Vibration, die an Intensität zunimmt. Ihr Herz weitet sich noch ein bisschen mehr und sendet ebenfalls vibrierende Energie nach hinten ab.

Costas bleibt hinter ihr stehen und legt seine Hände liebevoll auf ihre Schultern. Merlina hält ihre Lider immer noch geschlossen und genießt diesen wunderbaren Augenblick und auch Costas hat es nicht eilig, etwas zu sagen. Für einen kurzen Zeitraum verharren sie in diesem Schweigen, bis Merlina sich langsam erhebt und um die Bank herumgeht.

„Wann bist du angekommen?" Merlinas Stimme klingt zärtlich, und die Freude in ihrem Herzen strahlt aus jeder Pore ihres Körpers.

„Vor einer Stunde. Ich habe Grandma begrüßt und bin dann

gleich hier her gekommen. Meine Sehnsucht nach deiner Nähe ist unbeschreiblich."

Er nimmt Merlina an die Hand und geht mit ihr wieder um die Bank herum.

„Es ist so ein wunderschöner Ort, aber durch dich wird er immer noch intensiver und auch noch ein bisschen schöner."

Sie hat Costas im letzten Jahr auf einer Reise kennengelernt. Nach ein paar Tagen stellten sie beide fest, dass sie gar nicht so weit voneinander entfernt wohnen, und seit dieser Zeit treffen sie sich regelmäßig und lernen sich immer besser kennen. Langsam kommt ihre Beziehung in den Bereich, in dem sie eine gemeinsame Schwingungsebene herstellen können. Eine gute und wichtige Voraussetzung für die eventuelle Entwicklung einer Liebesbeziehung.

Costas ist Physiker und Chemiker in der dritten Generation seiner Familie und Forscher mit Leib und Seele. Er hat sich einen Bereich in der Wirtschaft gesucht, in dem er seine hoch qualifizierten Beiträge zur Gemeinschaft leisten kann.

„Bevor du kamst, habe ich mit dem Blick auf die Handwerksproduktion dort drüben über unsere Wirtschaft nachgedacht. In den letzten Tagen war ich derart in die Vergangenheit verstrickt, dass mir die Zeit hier am Fluss besonders gut tut, um für eine Erholungspause wieder in die Gegenwart zu kommen."

„Ich habe schon von Grandma gehört, dass du in die alten Zeiten eingetaucht bist. Es ist gut, sich von Zeit zu Zeit damit zu beschäftigen, um das eigene Bewusstsein zu schärfen und die Ziele wieder klarer sehen zu können."

„Und die Dankbarkeit spüren zu können ... mir ist in den letzten Tagen die Tragweite der Erneuerung so deutlich geworden, das hat meine Dankbarkeit sehr intensiviert. Es sind seitdem nicht einmal fünf Jahrzehnte vergangen. In Anbetracht des Alters unseres Planeten kann man da ja noch nicht einmal von einem Wimpernschlag reden. Und nach allem, was ich bis jetzt schon erfahren habe, stand die Menschheit wirklich am Abgrund und hat dies nicht einmal richtig ernstgenommen. Das hätte auch schief gehen können, und wer weiß, ob wir beide dann überhaupt hier wären oder unter welchen misslichen Umständen wir leben müssten. Wir verdanken unser paradiesisches Leben dem Mut vieler kluger und weitsichtiger Menschen und vor allem ihrem Willen, das System zu verändern. Was für eine Gnade. Und ich glaube, dass diese Veränderung, hin zum

Weiblichen Prinzip, wohl das umwälzendste Ereignis der Menschheitsgeschichte überhaupt war. Ich empfinde es als die Entscheidung zum Fortbestand der Menschheit schlechthin und glaube, dass alle anderen Entscheidungen zum Untergang geführt hätten. Ich bin so froh, dass sich die Frauen damals auf ihre Stärken besonnen haben."

„Ja, das sehe ich auch so, und ich freue mich, dass beide Geschlechter nach fast fünfzig Jahren in der Lage sind, ihre Potentiale zu leben und dass wir auf dem Weg sind, die Balance wieder herzustellen. Es wird nicht mehr lange dauern und Männer und Frauen können ausgewogen in allen Bereichen gemeinsam entscheiden. Der Paradigmenwechsel ist vollzogen, und die neuen Werte haben sich als lebenswert und lebensfördernd erwiesen. Die Weltkultur, die entstanden ist, dient dem Fortbestand des Planeten und achtet ihn als das, was er ist: ein Wunderwerk des Kosmos."

Merlina schaut Costas mit zärtlicher Hingabe an. Sie liebt es sehr, wenn er über die Weltkultur, das neue Denken und dessen Auswirkungen redet. Er ist ein sehr weiser Mann, sein Geist und seine Seele sind spürbar älter als sein Körper.

„Bist du denn noch aufnahmebereit? Ich könnte dir noch etwas über die Entwicklung der Wirtschaft nach dem Umbruch erzählen?" „Ja, wenn wir hier sitzen bleiben können und ich dabei den Fluss genießen darf, höre ich dir gerne, sehr gerne, zu!"

„Ich weiß die Dinge von meinem Großvater und von meinem Vater. Sie sind beide Physiker und Chemiker und haben in ihren beruflichen Zeiten so große Unterschiede gelebt. Mein Großvater arbeitete auf den Ozeanen und kannte noch die Einzelheiten der Verschmutzung der Meere. Die Industrie hat damals allein in den USA täglich mehr als 19 Milliarden Liter hochgiftige Chemikalien ins Meer geleitet - täglich, das ist nicht zu glauben, aber es stimmt. Kannst du dir die Sauerei vorstellen? Neunzehn Milliarden Liter Giftstoffe täglich ins Meer zu schütten. Und das war nur die amerikanische Industrie. China, Japan, Europa und Russland waren da sicher nicht besser, einige vielleicht sogar noch schlimmer. Und die Forschung war damals stolz auf die Herstellung von Polymeren, aus denen Dinge hergestellt wurden, die ewig halten sollten, was sie auch taten. Immer neue Entwicklungen wurden gefördert, und niemand fand es bedenkenswert, dass sie durch ihre Haltbarkeit auch nicht abgebaut oder recycelt werden konnten. Was in die Meere gelangte, wurde durch die Gewalten zermalmt, ging aber nicht verloren. In kleinste Partikelchen aufgerieben, verwechselten Fische es mit Plankton und frassen es. Da die Fische als Nahrungsmittel für die Menschen dienten, haben diese dann am Ende der Nahrungskette ihre eigenen, unverwüstlichen Polymere gegessen. Es war auch zu damaliger Zeit bereits bekannt, verändert haben sie nichts.

Die Umkehrung kam erst sehr viel später, und natürlich wurde durch das Verbot von nicht abbaufähigen Materialien der Zuwachs von Müll gestoppt. Die Reduzierung der bereits vorhandenen Massen war aber erst möglich, als die Forschung nach der Rückkehr des Weiblichen Prinzips disziplinübergreifend Mikroben entwickelt hat, die Polymere tatsächlich als Nahrung aufnehmen und dann durch ihre Ausscheidungen zur Reinigung der Gewässer beitrugen. Inzwischen ist die Wasserqualität der Ozeane wieder gestiegen.

Forschung in unseren Tagen ist wirklich fantastisch, weil wir ein größeres Verständnis von den Abläufen in der Natur erhalten und sogar an vielen Stellen in der Lage sind, die Schäden zu beseitigen und eine Art ursprünglichen Zustand wieder herstellen zu können. Kurz bevor mein Großvater starb, sagte er mir einmal, dass für ihn sein wichtigster Beitrag darin bestand, die Menschen auf das Desaster aufmerksam zu machen.

Zu seiner Zeit war es sehr schwierig, über die Bewusstmachung hinaus tätig zu werden. Die Denkweise der Menschen war nicht reif genug, daran zu glauben, dass wirklich etwas dagegen getan werden müsse und könne. Die Machtstrukturen der Wirtschaft waren derart einschüchternd, dass die weniger informierten Bürger der Staaten immer noch glauben wollten, was die Lobbyisten der einzelnen Wirtschaftszweige ihnen vortrugen und glauben machen wollten. Er sagte mir einmal, dass das Ausmaß der Zerstörung schon so weit fortgeschritten war, dass der einzelne Mensch es kaum hätte ertragen können, genau hinzusehen, ohne sich dann noch ohnmächtiger in Bezug auf eine Veränderung zu fühlen. So kamen vielen Menschen die Ausreden und die Bagatellisierung der Situation durch die Regierungen gerade recht, um einfach so weiter zu leben, wie sie es immer taten."

„Was mich wundert ist, dass die jungen Menschen der damaligen Generation nicht aufgestanden sind und die ältere Generation zur Rechenschaft gezogen und Antworten gefordert haben. Es war doch ihre Zukunft, die beinahe keine mehr gewesen wäre."

„Das ist aus unserer Sicht nur schwer zu verstehen, doch muss man sehen, dass die Gesellschaft damals ganz anders dachte. Viele Generationen lang wurde Lebensqualität mit „Geld haben" gleichgesetzt. Die Menschen lernten einen Beruf, um Geld für ihren Lebensunterhalt zu verdienen. Und soweit ich weiß, waren viele darunter, die darin keine Berufung sahen und auch gar keine Chance hatten, ihre Berufung herauszufinden oder gar ihr nachzugehen.

Die Menschen gingen früh am Morgen zur Arbeit und kamen spät am Abend wieder heim, um das Geld zu verdienen, das sie für ihr Leben brauchten und welches sie dann in ihrer Freizeit wieder ausgaben. Sie arbeiteten hart, um die Weltindustrie am Laufen zu halten. Geld bestimmte ihren Tagesablauf, und es war eine sinnlose Beschäftigung, wie in einem Hamsterrad, die ihnen ihre ganze Zeit nahm, sie erschöpfte und gestresst zurückließ.

Dieser Rhythmus herrschte auch in der jungen Generation oder vielleicht gerade bei ihr. Die letzte Generation vor der Rückkehr des Weiblichen Prinzips war gerade die Generation, die am weitesten von ihrer eigentlichen Lebensqualität entfernt war. Ein kluger Mensch hat in diesen Zeiten einmal gesagt, dass man nie genug von den Sachen bekommen kann, die man eigentlich gar nicht will. Konsum einer echten Lebensqualität gleichzustellen, zeigt, dass die Menschen ihr ganzes Leben, ja ihr Dasein für einen Ersatz hergaben.

Ich glaube, es war ihnen nicht bewusst, was sie in Wirklichkeit verloren hatten und wonach sie so sehnlich suchten. Die damalige Gesellschaft hatte sich über die Natur erhoben, sie ausgebeutet und glaubte, sie beherrschen zu können. Sie hatte die Schönheit der Welt aus den Augen verloren, und sie konnte die täglichen Wunder unseres Seins nicht mehr sehen. Achtung und Ehrerbietung gegenüber der Schöpfung war ihr fremd geworden, und Demut vor der unglaublichen Perfektion des Ganzen war nahezu unbekannt. Sich als einen Teil dessen zu erleben, so wie wir es tun, war dem EGO der Menschen und ihrer Gier zum Opfer gefallen. Ihnen war die Leidenschaft für unseren Planeten abhanden gekommen. Wofür sollten sie aufstehen, wenn doch alles nur ums Haben ging - niemals ums Sein? Es war der Glaube des Männlichen Prinzips, dass eine gute Wirtschaft eine wachsende Wirtschaft sei. Und für dieses Wachstum brachten sie Opfer, sehr viele und viel zu große Opfer."

„Vielleicht mag das arrogant klingen, aber waren es nicht bedauernswerte Geschöpfe? Ich stelle mir vor, wie trist das Leben gewesen sein muss, wenn so wenig Raum für die geistigen, spirituellen und erbaulichen Dinge des Lebens vorhanden war. Meinst Du, sie waren glücklich?"

„Das entzieht sich meiner Kenntnis, aber die Zahlen aus dem Gesundheitswesen der damaligen Zeit sprechen ihre eigene Sprache."

„Da hat die Umbruchsgeneration ja einen gewaltigen Lernschritt gemacht. Von einem derartigen Zustand aus einen solchen Weg zu gehen, das ist wirklich eine bewundernswerte Leistung."

„Ja und ein Prozess, der auch seine Zeit brauchte. Mein Vater gehört zu dieser Generation. Er hat mir viel von seinen inneren Zuständen aus dieser Zeit erzählt. In den ersten Jahren fühlte er sich oft hin- und hergerissen zwischen der Verlockung der neuen Gedanken und dem Zweifel, ob es ohne Geld überhaupt funktionieren könnte.

Die ganze Welt war tagtäglich auf das Geld ausgerichtet. Verdienen, ausgeben, horten, zu wenig haben, teilen müssen, Steuern zahlen, Kredite, Anlagen, Subventionen, Ungerechtigkeit, Schulden, Zinsen, haben oder nicht haben... und die entsprechenden Gefühle dazu waren immer präsent. Alles war darauf abgestimmt. Die Vorstellung, dass es kein Geld mehr geben würde, war in den Köpfen der Menschen nicht vorgesehen.

In den Köpfen hatte sich in Jahrhunderten der Geist einer sogenannten Gerechtigkeit festgesetzt. Es wurde die Justiz geschaffen, die für Gerechtigkeit sorgen sollte. Wir wissen heute, dass dieses Wort „Gerechtigkeit" ein Konstrukt ist, das nur Probleme schafft, nicht aber das erreichen kann, wofür es erdacht war. Die Menschen waren derart entwöhnt davon, die Dinge freiwillig und aus eigenem Antrieb heraus zu tun, dass sie immer jemanden brauchten, der als Schiedsrichter, als Richter fungierte. Im Grunde wollten alle doch immer nur Recht bekommen und sicherstellen, dass sie nicht zu kurz gekommen seien. Gerechtigkeit und Recht bekommen lag für viele dicht beieinander. Geld hatte den Platz eines solchen Richters eingenommen.

Nun, ohne die Möglichkeit des Geldes, waren alle wieder auf ihr inneres Gefühl zurückgeworfen. Sie mussten prüfen, was ihnen die Dinge, Gefühle und Situationen wert waren. Vorher stand an allem ein Zettel, der den Wert bestimmte. Jetzt war den Menschen eine Freiheit zurückgegeben worden: sie durften den Wert selber bestimmen. Das war am Anfang eine ziemliche Überforderung für die meisten. Es gab zu Beginn der Neustrukturierung einen kurzen

Zeitraum, in dem viele Menschen glaubten, keinen Beitrag leisten zu wollen, um die vielen Ungerechtigkeiten, die sie gefühlsmäßig aus der Vergangenheit angesammelt hatten, auszugleichen. Die, die sich ungerecht behandelt fühlten, meinten einen Ausgleich durch Verweigerung erzielen zu können. Doch das Naturgesetz des Beitrags eines Menschen zu seiner Gemeinschaft wurde durch die geologische Katastrophe abgefordert. Wenn eine Situation eskaliert, scheint der Mensch sich auf seinen Ursprung und dessen natürliche und sinnhafte Struktur zu besinnen und folgt seiner Intuition."

„Immer wieder begegnete mir in den letzten Tagen, dass es unzählige Menschen gab, die mit der Veränderung sehr zufrieden waren, weil nun endlich die Zeit gekommen zu sein schien, die Welt wieder so sehen zu können, wie sie ursprünglich und unumstößlich ist, nämlich zyklisch. Egal, ob der Mensch dieses Gesetz anerkennt oder nicht. Dass das riesige Gebilde der damaligen Wirtschaft nur ein Untersystem des großen Ganzen war, hatten die Menschen offensichtlich vergessen. Das Universum, unsere Biosphäre, ist zyklisch, stellt also das Weibliche Prinzip in Perfektion dar. Die Planeten folgen einer zyklischen Bahn, unsere Erde erleben wir zyklisch mit den Wegen von Sonne und Mond und allem anderen. Das Wachstum, die Jahreszeiten, Tag und Nacht, alles ist zyklisch. Dabei gibt es keine lineare Struktur. Wie soll in einem solchen Prozess ein lineares Wirtschaftssystem auf Dauer erfolgreich sein können? Funktionieren kann so etwas doch nur in der Ergänzung. Inhalte und Methoden können sehr wohl konzentriert und linear sein. Die zyklische Form als Teil des Weiblichen Prinzips erfordert bei Entscheidungen immer die Berücksichtigung des wiederkehrenden und damit nachhaltigen Aspektes."

„Das Problem war, dass die Menschen in ihrem Wirtschaftssystem das Ziel mit dem Mittel verwechselten. Wachstum kann ein Mittel sein, um das Ziel Lebensqualität zu erreichen. Da aber das Wachstum selbst zum Ziel gemacht wurde, bewirkte es das Gegenteil, und am Ende ging Wachstum auf Kosten der Lebensqualität. Das Untersystem Wirtschaft und damit einhergehend „endloses Wachstum", verdrängte das übergeordnete System unserer Biosphäre. Ja, im Grunde noch viel schlimmer, denn die gesamte Natur wurde zur Ressource degradiert. Das Augenmerk war nur noch darauf gerichtet, was man ihr entnehmen kann und welchen Profit dies bringen würde. Ein typisches Beispiel im Bereich der Rohstoffe war das Erdöl. Die gesamte Weltwirtschaft war auf der Grundlage der Petroindustrie und Petrochemie aufgebaut. Die Eckpfeiler dieses Systems beruhten auf nicht erneuerbaren, energiereichen Kohlenstoffen. Das Öl sollte die selbstgewählte Grundlage für alle Problemlösungen der damaligen Zeit darstellen. Die Abhängigkeit der Wirtschaft von fossilen Brennstoffen startete einen Todeskreislauf, der letztendlich zur geologischen Katastrophe beitrug und in gewissem Sinne als logische Konsequenz angesehen werden muss. Die Ölindustrie hatte ein gigantisches Ausmaß angenommen. Ihre Gewinne waren uferlos. Das Absurdeste an allem war, dass die Bodenschätze zu Privatbesitz erklärt wurden. Mich verwundert es stark, dass die Menschen damals nicht auch noch auf die Idee gekommen sind, das einzig verbliebene oberhalb der Erdkruste zu privatisieren: die Luft. Aber das blieb wahrscheinlich auch nur aus, weil niemand etwas gefunden hat, das aus Luft hergestellt und zu Geld zu machen gewesen wäre. Wobei ... ich erinnere mich an eine Aussage meines Vaters, dass auch darüber nachgedacht wurde. Und zwar in Form von Emissionsabgaben für die Verunreinigung der lebensnotwendigen Luft." Costas grinst bei seinem Gedanken. „Zutrauen hätte man es ihnen können."

Die Sonne hat sich inzwischen über den Fluss erhoben und reflektiert ihr Licht auf der Wasseroberfläche. Merlina genießt die Zeit mit Costas. Seine Gegenwart macht sie noch beschwingter, und seine Art, über die Dinge zu sprechen, beseitigt die Schwere der Erfahrungen der letzten Tage. Die Gemeinsamkeit im gleichen Schwingungsbereich lässt sie auftanken. Ihre liebevollen Gefühle zu diesem Mann machen ihr deutlich, dass sie in der Beziehung zu ihm gerne einen Schritt weiter gehen würde und ihm gestatten möchte, in ihr den Göttinnenteil zu wecken. Sie schließt die Augen, um die wohltuende Energie wahrzunehmen, die in diesem Augenblick zwischen ihnen pulsiert. Die Gefühle zu Costas sind ungekannt intensiv. Sie fragt sich, ob sie reif genug sei, sich zu binden. Sie ist gerade mal zwanzig Jahre alt. Ihre Mutter hat ihr irgendwann erzählt, dass sich die energetischen Schwingungen in den letzten Jahren noch einmal verstärkt haben und in eine weitere Dimension eingetreten sind. Daraus wird folgen, dass sich die Seelen der Menschen noch schneller finden, um die Verkörperungszeit hier auf der Erde noch intensiver für ihre Lebensaufgabe zu nutzen. Daran muss sie gerade denken. Vielleicht gehören sie und Costas bereits dazu.

In dieser Zeit verbinden sich die Menschen nicht mehr, um ihre Einsamkeit zu verdrängen oder um einfach nur ihre Bedürfnisse zu befriedigen. Dafür gibt es die Lebensgemeinschaften, die Freunde und Freundinnen. Paare verbinden sich, um eine gemeinsame Lebens- und Liebesaufgabe für das große Ganze zu erfüllen. Worin liegt wohl ihre gemeinsame Lebensaufgabe, für die sie sich verbinden wollen? Darüber hat sie mit Costas noch nie gesprochen. Ob er es für sich bereits weiß? Sie legt ihren Kopf in den Nacken und stützt sich mit den Ellenbogen auf die Lehne der Bank. Die Haut ihres gestreckten Halses schimmert wie Elfenbein in der Sonne. Costas legt seine Fingerspitzen darauf und streicht sehr sanft ihre Konturen nach. Merlina läuft bei dieser Berührung ein wohliger Schauer durch den ganzen Körper.

„Haben wir eine gemeinsame Lebensaufgabe?" Die Frage ist ihr entschlüpft, noch bevor sie sie zurückhalten kann.

„Ich bin mir über meine noch nicht wirklich im Klaren, aber wir könnten es gemeinsam herausfinden."

„Ja, das können wir." Obwohl ihre Antwort knapp ist, hört Costas den Wert der Zustimmung in ihren Worten. Er träumt bereits seit ein paar Monaten davon, mit Merlina eine gemeinsame Zukunft aufzubauen, hat es aber noch nicht erwähnt. Sie verkörpert alles, was er sich für seine Partnerin wünscht: Intelligenz, Warmherzigkeit, Spiritualität, energiereiches Herangehen an Aufgaben, Interesse an sich und anderen Menschen und eine ausgeprägte Hingabe an die Natur.

Sie schauen sich in die Augen, und ein energetischer Kreis zieht sich um ihre Körper. Ihre Auren verbinden sich, und ihre Energien verschmelzen miteinander.

Jetzt ist alles klar - für beide. Die göttliche Liebe hat ihnen ihren Segen gegeben. Schweigend sitzen sie da und erleben den Augenblick, der zeitlos scheint. Jetzt gibt es nichts mehr zu sagen oder zu fragen. Die Gefühle haben den Verstand beruhigt, und alle Zweifel sind durch die kosmische Liebe aufgelöst. Glück strömt durch sie hindurch und fließt der Sonne entgegen. Und als sie aus diesem zeitlosen Moment wieder die grobstoffliche Wirklichkeit erreichen, hat sich für beide die Welt verändert.

Merlina ergreift als erste das Wort. „Ich spüre in diesem Moment das

tiefe Wissen um meine Lebensaufgabe. Ich möchte mithelfen, die neu entstehenden Pflanzen zu erforschen. Ihre Beschaffenheit und ihre Wirkung auf die Natur zu ergründen."
Merlinas Stimme ist noch zärtlicher und weicher geworden. In den vergangenen Jahren waren immer wieder neue Pflanzen an den unterschiedlichsten Stellen des Erdballs aufgetaucht. Es hat einige Zeit gedauert, bis sich die Wissenschaftler erklären konnten, woher sie kamen und wodurch sie entstanden. In den Archiven fanden sich Hinweise, dass vor dem Wechsel zum Weiblichen Prinzip aufgrund der Umweltzerstörung begonnen worden war, die Samen von bedrohten Pflanzen im Eis zu lagern und so der Nachwelt zu erhalten. Nachdem die Eiskappen der Pole geschmolzen waren, lösten sich auch diese Lager auf und die Samen wurden von der Meeresströmung irgendwo an Land gespült. Unterschiedliche Beschaffenheit und unterschiedliche Wege haben sie an ihre Zielorte gebracht und nach und nach gingen die Samen auf. So regenerierte sich eine Pflanzenwelt, die bereits als ausgestorben galt.
„Ich werde meinen Beitrag in der Biotechnologie leisten. Ich finde es so überaus spannend, zu ergründen, wie die Laboratorien in den Pflanzen funktionieren und ob wir Menschen in der Lage sind, noch mehr Geheimnisse der fast unauffälligen Prozesse in ihnen zu kopieren, um dadurch technologische Möglichkeiten für die Menschen zu erschaffen, die mit der Natur einhergehen und nicht gegen sie gerichtet sind. Wenn wir im gleichen Bereich tätig sind, dann können wir wunderbare Synergien hervorbringen."
Costas' markante Gesichtszüge sind noch eine Spur weicher geworden. Seine Vorfahren sind griechischer Abstammung. Wenn Merlina ihn anschaut, dann denkt sie oft an die griechischen Götterstatuen, die sie in den Völkerarchiven gesehen hat. Seine Lippen sind sinnlich geschwungen, und seine braunen Augen sind leidenschaftlich und sprühen Funken, wenn er sich für etwas begeistert. Das dunkle, wellige Haar trägt er schulterlang, was seinem männlichen Äußeren einen archetypischen Zug verleiht. Er nimmt ihre Hand und steht langsam auf. „Wollen wir uns auf den Rückweg machen? Ich glaube, Grandma wartet auf uns, und ich möchte schauen, ob mein Vater schon angekommen ist."

Die große Runde am Abendbrottisch ist in Festtagsstimmung. Gleich, als die beiden in die Wohnanlage zurückkehren, ist deutlich zu sehen, was geschehen ist.
Es ist für alle eine große Freude, wenn sich zwei Menschen in kosmischer Liebe verbinden und ihre neuen Energien zu spüren sind. Die kosmische Liebe ist es, was alles zusammenhält. Diese Liebe hält die Gesellschaft in ihrem hohen Schwingungsgrad und ist die Grundlage für die Verständigung untereinander.
Grandma sitzt zufrieden an der Stirnseite des Tisches. Merlina glaubt auf ihrem Gesicht einen besonderen Ausdruck zu erkennen, den sie noch nie gesehen hat. Dieser Blick von Grandma beinhaltet etwas Vollkommenes und etwas sehr Geheimnisvolles.
Georgios, Costas Vater, sitzt neben seinem Sohn und lächelt anerkennend. Er ist ein großer Geschichtenerzähler, der es versteht, die Menschen in seinen Bann zu ziehen, so wie es Merlina sonst meist nur von den Frauen kennt, die die Traditionen in Form von Geschichten weitergeben. Georgios liebt es, aus seinem Leben zu berichten und ist ein Meister der Theatralik. Doch heute sind seine Geschichten überwiegend fröhlicher Natur. Immer wieder schaut er auf seinen Sohn, und ein gut gelauntes Grinsen überzieht sein ganzes Gesicht.
„Da bringst du eine wahre Göttin in unsere griechische Familie, mein Sohn. Es ist so wunderbar, dass wir nach Jahrtausenden der Götterlosigkeit endlich wieder das Göttliche in uns bejahen und pflegen dürfen. Dem Weiblichen in uns allen sei Dank und den klugen Frauen, die dafür verantwortlich sind, auch."
Überschwänglich erhebt er sein Weinglas und prostet in die Mitte.
„Auf die Liebe!" ruft er und alle tun es ihm gleich. Ein ganzer Chor ruft mit freudigen Stimmen: „Auf die Liebe. Möge sie die Gesellschaft am Leben erhalten!"
„Hab' ich euch schon die Geschichte meines besten Freundes erzählt, der wie ich Physik und Chemie studiert hat?" Georgios wartet keine Antwort ab, denn es war ohnehin keine wirkliche Frage.
„Stavros und ich haben zusammen die Ausbildung gemacht. Auch sein Vater war, wie meiner, in der gleichen Zunft. Doch Stavros quälte sich durch das Studium und nach ein paar Jahren war klar,

dass er es nur seinem Vater zuliebe und der Tradition wegen tat. Er war missmutig, bisweilen sogar depressiv, und dauernd hatte er irgendeine Krankheit. Er liebte die Natur, doch die Technologie hasste er. Seine Familie versuchte mit allerlei Anreizen, ihm das Leben so angenehm wie möglich zu machen, doch niemand kam auf die Idee, dass er eine andere Berufung hätte haben können.

Als er Lena kennenlernte, eine Konditorin, wurde ihm sehr bald klar, dass es auch noch anderes gab, als die Wissenschaft. Er konnte ihr stundenlang zuschauen, wenn sie die wunderbaren Torten und Kuchen herstellte und mit Hingabe und Liebe verzierte.

Er machte ein Praktikum bei einem Bäcker. Erst nur aus Freude am Tun, am Neuen, und dann plötzlich war der Funke entzündet. Mit den Händen etwas herzustellen, machte ihn so unendlich glücklich. Heute ist er ein talentierter Bäcker, und seine Experimente in Bezug auf neue Brotsorten sind ausnahmslos erfolgreich. Ich brauche nicht zu erwähnen, dass Lena und er ein Paar wurden und natürlich kam auch seine Gesundheit schlagartig zurück. Das war für uns alle eine sehr glückliche Zeit. Es war wunderbar, mit anzusehen, wie der beste Freund sein Lebensglück fand, auch wenn dies bedeutete, dass wir uns danach nicht mehr so häufig sahen.

Über solche Momente hinaus bestand mein größtes Glück in der damaligen Zeit darin, dass wir Wissenschaftler nicht mehr um die Gelder für die Forschung kämpfen mussten, und vor allem, dass wir frei von den wirtschaftlichen Profitüberlegungen wurden. Das Zusammenrücken von Forschung zum Wohle unserer Natur und einer geldlosen Wirtschaft, die im Einklang existierten, war die Rettung der Gesellschaft. Am Anfang wussten wir nicht, wie das funktionieren würde. Woher sollten wir das notwendige Material bekommen, wer würde darüber entscheiden, wonach geforscht werden sollte und so weiter? Doch das ergab sich von ganz alleine. Die Wirtschaft sollte nicht mehr herstellen, was sie wollte, sondern was jetzt am nötigsten gebraucht wurde. Es ging nicht mehr darum, die produzierten Waren - die eigentlich niemand haben wollte - an den Menschen zu bringen, sondern es ging darum, das zu entwickeln und dann zu produzieren, was die Schäden auf diesem Planeten beseitigen konnte und neue verhinderte. Die Aufbruchstimmung, die Befreiung pulsierte in unseren Adern, das kann ich euch sagen. Was wir vorher in der Forschung nicht kannten - Teamgeist - entstand überall. Niemand hielt mehr mit seinen Ergebnissen hinter dem Berg.

Aus allen Teilen der Welt wurden die Vermutungen, Erkenntnisse und Resultate zusammengetragen.
Niemand musste mehr der Erste sein, um an neue Gelder zu kommen. Allen stand alles offen.... eine unglaubliche Geschichte. Wir arbeiteten und entwickelten in Rekordzeiten. Ich war daran beteiligt, die Mikroben für die Müllbeseitigung zu entwickeln. Bevor ich mich damit beschäftigte, wusste ich überhaupt nicht, wieviel Müll unsere Gesellschaft produzierte und vor allem, was damit geschah und welche furchtbaren Konsequenzen daraus erwuchsen. Könnt ihr euch vorstellen, dass für jeden einzelnen LKW produzierte Ware mehr als dreißig LKWs Müll entstanden? Alles, was wir diesem Planeten damals entnahmen, machten wir zu Müll. Wir machten aus einem wunderbaren Planeten eine einzige Müllhalde.

In den westlichen Industrienationen wurde der Müll zum größten Teil verbrannt und dennoch gab es alte Halden, auf denen Wohngebiete entstanden waren. Die wurden in den ersten Jahren des Umbruchs alle abgetragen. Wir haben sogenannte Verdauungsketten erzeugt. Für jedes Stadium der Umwandlung hatten wir unterschiedliche Mikroben entwickelt, die dann in geschlossenen Systemen den Müll „verspeisten". Am Ende kam Humus dabei heraus.

Wie gesagt, in den westlichen Ländern waren das mehr die Altlasten. Aber in den riesigen, armen Ländern, wie Russland, Indien und China sind zu der Zeit gigantische Mülldeponien entstanden, auf denen die Ärmsten der Armen und vor allem unzählige Kinder lebten. Sie durchwühlten den Müll nach Essbarem oder Wiederverwendbarem und erhielten sich so mehr oder weniger am Leben.

Es hat mehr als zwanzig Jahre gedauert, bis wir die letzten Halden aufgeräumt und gesäubert hatten. Kollegen von mir entwickelten zeitgleich Bakterien, die sich der chemischen Gemische in den freigelegten Böden annahmen und sie wieder umgestalteten. Damals lief ja alles parallel. Es wurden geeignete Plätze gesucht, um die Menschen von den Müllkippen umzusiedeln und ihnen ein einfaches Leben ohne Armut zu garantieren.

So entstanden Dörfer in allen Regionen, die weit genug von den verseuchten Stellen lagen, um die Menschen auch gesund erhalten zu können. Es hat damals bei aller Tragik einen irrsinnigen Spaß gemacht, zu forschen. Wir haben Tag und Nacht gearbeitet. Das Bewusstsein, dass wir nicht mehr für Profit oder Ruhm weniger Menschen schaffen mussten, sondern einen echten und nachhaltigen

Dienst für die gesamte Menschheit leisteten, hat alle beflügelt. Wir entwickelten die Grundlage für die Schaffung eines neuen biologischen Kreislaufes. Die Veränderung des menschlichen Miteinanders in den Laboratorien und Versuchsstätten war eine echte Revolution in der Wissenschaft.

Pilzstrukturen wurden genutzt und weiterentwickelt. Die gesamte Erdstruktur unseres Planeten ist ohnehin mit einem Netz von Pilzen durchzogen. Wir haben durch sie eine Basis zur Reinigung des Planeten geschaffen. Bei allen Leistungen der damaligen Zeit waren wir wohl allesamt doch nur Handlanger der Natur und haben ihr zurückgegeben, was wir zerstört und ihr genommen hatten.

Für mich war es, trotz meiner anfänglichen Schwierigkeiten damit, dass die Frauen bestimmten, was gebraucht wurde und was verboten war, eine großartige Zeit. Die Sinnhaftigkeit, die plötzlich spürbar hinter all unserem Tun steckte, war das größte Geschenk des Weiblichen Prinzips an uns Männer."

Und wieder hebt Georgios sein Glas am ausgestreckten Arm in die Luft und ruft: „Auf die Liebe und auf unsere Frauen!"

„Und auf die Männer, die sich bereit erklärt haben, das Weibliche wieder zu schätzen und sich darauf einlassen konnten, es in sich wieder neu zu entdecken." Grandmas Stimme zeugt von Respekt und Dankbarkeit. „Dies und die unglaubliche Unterstützung sind für mich die größten Geschenke der Männer. Es ist kein Geheimnis, dass mich diese Veränderungen mit ihrem Geschlecht wieder versöhnt haben und sie für mich nun endlich gleichwertige Partner im Geschehen der Menschheit sind."

Merlina beobachtet wieder den Ausdruck auf Grandmas Gesicht, den sie vorhin schon einmal wahrgenommen hat. Irgendetwas geht in ihr vor. Was ist dieses Geheimnisvolle, das sich da zeigt?

„Nicht wahr? Wir Männer haben uns ganz schön gemausert, oder? Und dabei habe ich in der ersten Zeit wirklich gedacht, dass es uns nie gelingen würde, den Anforderungen der Frauen zu entsprechen." Georgios zwinkert Grandma Quiery zu.

„Aber wenn es um Leben und Tod geht, dann sind sogar wir bereit, zu lernen und zu wachsen. Und am Ende hat uns sogar die Abschaffung des Geldes noch geholfen."

Das Grinsen in seinem Gesicht und der Unterton in seinen Worten zeigt an, dass Georgios heute darüber schmunzeln kann, und in seiner Stimme schwingt eine erhebliche Portion Dankbarkeit mit.

„Am Anfang haben wir geglaubt, dass es ohne Geld nie funktionieren könnte, da uns die neutrale Messlatte genommen wurde, und wir bangten um das moralische Gefühl der Gerechtigkeit. Dabei haben wir außer acht gelassen, dass es die ohnehin nie gab, und trotz der vielfältigen Bemühungen und des Kampfes für Gerechtigkeit wurde die Welt immer ungerechter. Wir mussten uns fragen, ob es eine Gerechtigkeit, so, wie wir sie uns vorstellten, überhaupt geben konnte. Mit der Zeit lernten wir, dass es an uns liegt, an jedem einzelnen Menschen, ob die Welt gerecht ist oder nicht.
Das neue Gesetz, dass das Weibliche Prinzip schuf, nie mehr zu nehmen, als wir geben konnten oder wollten, das ist echte Gerechtigkeit und dafür brauchen wir keine Kontrollinstanz, wie sie das Geld darstellte. Männer wie Frauen haben gelernt, dass ein übersteigertes Verlangen nach Gerechtigkeit ein neurotisches Gefühl ist, das immer mit dem Gefühl der inneren Verkürztheit einhergeht. In der alten Zeit hörte man selten die finanziell Reichen von Gerechtigkeit sprechen. Es waren zumeist diejenigen, die sehr viel weniger hatten als andere. Ihnen war nach Gerechtigkeit, um das Gefühl der Unterlegenheit und der Verkürzung ausgleichen zu können. Seit der Abschaffung des Geldes ist die Wirtschaft auf eine Ganzheit ausgerichtet. Die notwendige Weiterentwicklung zum Wohle des Planeten - unserer einzigen Existenzgrundlage - konnte starten.
Geld und die damit verbundene Gier nach Profit hat zwar Technologien hervorgebracht, aber insgesamt die Entwicklung des Planeten und vor allem die Entwicklung des menschlichen Geistes verhindert. Den großen Unternehmen lag nicht an einer Entwicklung des Ganzen, sondern sie unterhielten das globale System, um ihre Besitzstände zu sichern. Sie förderten Entwicklung nur, wenn es Profit brachte und zu ihrem eigenen Nutzen war. Die Fragen waren immer: Was bringt das ein? Rentiert es sich? Zahlt es sich aus? Der Umstand, dass die Unternehmen globale Entscheidungen eigenständig treffen durften, ohne dabei einem übergeordneten Ziel zu folgen, brachte Fehlentwicklungen und Zerstörung mit sich. Seitdem die Wirtschaft wieder Sinnhaftigkeit für die Existenz unseres Planeten besitzt und niemandem mehr Schaden zugefügt werden darf, seit dieser Zeit brauchen wir nicht mehr für Gerechtigkeit zu kämpfen - sie hat sich aus der Situation heraus entwickelt.
Dadurch, dass die Politik der damaligen Zeit die Weiterentwicklung durch Toleranz des Geschehens verhindert hat und mit ihren

Entscheidungen sogar noch unterstützte, hat sie versagt. Geld war insgesamt in einen unguten Kreislauf geraten. Die Menschen mussten immer mehr arbeiten, weil sie immer mehr Abgaben und immer höhere Preise bezahlen mussten. Die Abgaben wurden für unsinnige Investitionen und Subventionen ausgegeben, die nur den großen Unternehmen der Wirtschaft zugute kamen. Es wurden zum Beispiel in der Autoindustrie Milliarden versenkt, um Autos auf den Markt zu bringen, die eigentlich keiner mehr haben wollte oder brauchte. Die Politik unterstützte eine Branche, die ihre Hausaufgaben in Richtung einer notwendigen Zukunftsentwicklung, weg von der Ölindustrie, einfach verweigerte. Sie förderte Überproduktion und Konsum statt Lebensqualität. Mit der ständigen Angst im Gepäck, in diesem Bereich Arbeitsplätze zu verlieren, versäumte sie es, an anderer Stelle - nämlich im Bereich des Umweltschutzes - Arbeitsplätze zu schaffen. Es war ein morbider Kreislauf, der erst mit der Abschaffung des Geldes endete. Von nun an konnte jeder Mensch frei entscheiden, wo seine Talente lagen und auf welche Art und Weise jemand einen Beitrag für die Gemeinschaft leisten wollte. Die Menschen lernten, wie wunderbar es ist, den Tag mit Beiträgen zu verbringen, die aus dem Herzen kommen. Allein die Freude, die damit verbunden war, löste Stresssituationen auf und half der Gesellschaft, zu gesunden. Denkt an meinen Freund Stavros!"

Merlina schaut zu Costas und ihre Blicke treffen sich. Sie hat für heute genug aus der alten Zeit gehört, die ihr immer größeren Schrecken einflößt. Wie konnten die Menschen nur so leben und das über Jahrhunderte? Merlina steht der Sinn jetzt nach Gegenwart, ihr ist nach Nähe und natürlich geht es Costas ebenso. Energetisch verbunden sind sie in der Lage, sich auch ohne Worte zu verständigen und so erheben sie sich beide im selben Augenblick und wünschen der Runde eine gute Nacht.

Das Fenster gibt den Blick auf das Tal frei. Die neu entstandenen Wohnkomplexe wurden beim Wiederaufbau meist erhöht angelegt, weil niemand so richtig wusste, wie hoch der Meeresspiegel am Ende noch steigen würde. Dafür gab es genügend Hügel in der Landschaft. Einige waren schon immer da und andere wurden aus den riesigen Schuttmassen der abgetragenen Häuser und der unzähligen Quadratkilometer von ehemals versiegelter Bodenfläche errichtet. Am anderen aufsteigenden Ende des Tales beginnen die Blätter des Laubwaldes bereits, in zarten, herbstlichen Farben zu leuchten. Merlinas Bett steht so, dass sie beim Aufwachen bereits die wunderbare Aussicht genießen kann. Mit einer Kissenburg hinter sich, liegt sie in Costas' Armen und begrüßt den Tag nach dieser ersten wunderbaren, gemeinsamen Nacht der Nähe.

An einer Wand ihres Wohnbereiches hängt eine Reihe von Bildern, die die Entwicklung der Aussicht aus dem Fenster festgehalten haben. Das erste Bild zeigt den Blick ins Tal ohne den Wald im Hintergrund und mit einer viel weiteren Sicht. Das zweite zeigt eine entstehende Hügelkette. Ihre graue, wachsende Masse macht einen trostlosen Eindruck. Sie sieht aus wie die verwüsteten Landstriche nach dem Abbau der Kohle im Tagebau. Das nächste Bild zeigt allerdings bereits, was einmal daraus werden könnte. Fruchtbare Erde ist aufgetragen und die jungen, sattgrünen Pflanzlinge lassen erkennen, dass es ihnen an den Hängen gefällt.

Die nächste Aufnahme ist erst ein paar Jahre her und zeigt den gesunden Wald in einem kräftigen Herbstkleid. Gelbe Birken und das leuchtende Rot des Ahorns erweitern eine wunderschöne Farbpalette. Das letzte Bild ist aus dem vergangenen Winter und zeigt die schneebedeckten Äste der Bäume und einen strahlend blauen Himmel. Merlina war Tag für Tag so fasziniert von diesem Anblick, dass sie die Fotodokumentation mit dieser selbst gemachten Aufnahme weiterführte.

„Ist das nicht grandios?" Costas' Stimme holt sie sanft aus ihren Gedanken.

„Ich öffne mal das Fenster, dann bekommen wir auch noch die Vogelstimmen zu diesem Panorama." Merlina hüpft fröhlich aus dem Bett und schiebt die große Terrassentür zur Seite. Im nächsten

Moment ist sie bereits wieder unter der Bettdecke verschwunden und strahlt.
„Da hast du ein wirklich schönes Plätzchen. Jeden Morgen so aufzuwachen, ist wahrlich ein Geschenk. In den vergangenen Jahrzehnten ist so viel geschehen. Die Renaturierung der verschiedenen Ökosysteme ist ein voller Erfolg geworden. Wusstest Du, dass ein einziger großer Baum über 200.000 Liter Wasser speichern kann, es reinigt und dann wieder in sein Umfeld abgibt? Das haben sie vor unserer Zeit nicht berücksichtigt, sonst hätten sie niemals so viele Waldgebiete gerodet. Das nicht und so viele andere Dinge auch nicht. In der Zeit, als es noch Geld gab, hat mal ein schlauer Kopf errechnet, was es kosten würde, die Leistungen der Natur durch menschliche Technik zu ersetzen. Ich glaube zwar nicht, dass das überhaupt machbar wäre, aber jedenfalls hätte es das Doppelte des damaligen Bruttosozialproduktes der gesamten Welt gekostet. Und die Natur schenkt es uns. Sie schenkt es uns und erwartet eigentlich nichts anderes, als dass wir achtvoll mit ihr umgehen. Wie dumm waren die Menschen damals, und das, obwohl sie so sehr auf Profit aus waren.
Merlina, du hast mich angesteckt. Ich habe schon lange nicht mehr so viel über die alten Zeiten nachgedacht. Erst fand ich die 50-Jahrfeier im Grunde überflüssig, aber jetzt merke ich, dass es doch gut ist, sich von Zeit zu Zeit damit zu beschäftigen. Ich spüre, dass es mein Bewusstsein stärkt und meine Dankbarkeit erhöht.
Die Seelen, die damals inkarnierten, müssen wahre Pionierseelen gewesen sein. Mich würde interessieren, wieviele dieser Seelen sich in der Grobstofflichkeit des körperlichen Daseins ihres Pioniergeistes bewusst waren, und wie viele glaubten, unschuldig einer derartigen Situation ausgesetzt zu sein. Immerhin war es ja der Übergang in das Wassermann-Zeitalter. Es gab damals spirituelle Überlegungen, die die Bevölkerungsexplosion irgendwie logisch erscheinen ließen, weil so viele Seelen hinüber in eine höhere Dimension des neuen Zeitalters inkarnieren wollten. Für sie war der Tod, den sie in den Wirren fanden, kein Verlust, sondern ein Gewinn, vielleicht sogar das Ziel ihrer Inkarnation."
Merlina ist seinen Worten aufmerksam gefolgt. Jetzt liegen sie zärtlich aneinandergeschmiegt in der kuscheligen Wärme ihrer Liebe und sehen schweigend durch die geöffnete Tür.
Nach einer Weile regt sich in Merlina pulsierendes Leben und sie spürt das Verlangen nach duftendem Waldboden, nach Pilzen, nach

Rehen und Greifvögeln. Sie möchte in den Wald und die Bäume umarmen, deren Kraft in sich aufnehmen und ihnen ihre Liebe schenken. Sie möchte die laute Stille des Waldes in ihren Ohren hören und dem Wind in den Kronen lauschen.
„Hast du Lust, den Tag im Wald zu verbringen?"
„Hm, ich würde gerne mit dir kommen, doch ich bin mit meinem Vater verabredet. Wir wollen unser Zusammentreffen nutzen und über eine neue Entwicklung im Energiebereich sprechen. Er ist dabei, eine geniale Idee umzusetzen und hat mich um den Austausch gebeten. Ist das in Ordnung für Dich?"
Merlina fühlt in sich hinein und spürt die starke Verbundenheit zu Costas. Sie ist angefüllt mit seiner und mit ihrer Liebe, und ein Strahlen ist auf ihrem Gesicht zu sehen.
„Ja, selbstverständlich. Wir sehen uns dann am Abend wieder. Dann verbinde ich meinen Spaziergang durch den Wald mit einem Treffen mit Ayla. Sie war früher Sozialarbeiterin und möchte mir von ihren Erfahrungen aus der damaligen Drogenszene erzählen. Das muss eine wichtige Arbeit gewesen sein und interessiert mich sehr."
Merlina fällt noch einmal in seine Arme zurück, und dann huscht sie aus dem Bett in Richtung Bad.

Auf ihrem Spaziergang zum Wald kommt Merlina durch ein Dorf, das erst nach dem Umbruch entstanden ist. Alle Gebäude sind hier aus Lehm. Lehm wurde der bevorzugte Baustoff der modernen Zeit. Und er war der beliebteste Baustoff einer ganz alten Zeit. Viele Hochkulturen des Altertums hatten Lehmstädte erbaut und wurden mit ihren eindrucksvollen Lehmbauten identifiziert. Die Chinesen bauten ihre gigantische Mauer ursprünglich auch aus Lehm.
Zwischendrin, im 19. und 20. Jahrhundert, war er in den westlichen Nationen fast ganz in Vergessenheit geraten und hatte eher den Beigeschmack der Armut. Eine völlig unsinnige Einschätzung, denn Lehm ist ein Material für höchste ästhetische und klimatische Ansprüche. Lehm ist das kostenlose Baumaterial dieses Planeten. Drei Viertel der Erdkruste bestehen aus Lehm, deshalb ist er fast überall

zu finden. Die Forschung und Entwicklung der letzten Jahrzehnte hat ihn ohne schädigende Zusätze zum stabilsten, vielfältigsten und einsatzfähigsten Baumaterial der neuen Zeit gemacht.

Die Gebäude sind alle mit neuzeitlichen Möglichkeiten und der modernsten Technik erbaut und benötigen keine Energie von außen. Ausgestattet mit Solarzellen, mit Erdwärme und natürlichen Dämmmaterialien wie Stroh und Flachs, besitzen sie einen eigenregulierenden Wärmehaushalt, der sowohl bei Kälte als auch bei Hitze funktioniert. Die bauliche Kombination mit Holz und Glas lässt wunderschöne Formen und Ansichten entstehen. Einer der großen Vorteile des Lehms liegt in seiner Entsorgung. Das gesamte verwendete Material kann dem Boden wieder zugeführt werden und hinterlässt keine Schadstoffe, Glas wird recycelt und bleibt im Kreislauf.

Dazu kommt, dass das neuzeitliche Design von Technik und Architektur neue Ziele gesteckt hat. Es geht um Nachhaltigkeit und darum, Rohstoffe als etwas Wertvolles anzusehen und ihre Nutzung als Bereicherung, nicht nur für den Menschen, sondern für die gesamte Natur zu betrachten. Rohstoffe werden im Zyklus ihres Entstehens, ihrer Verwendung und ihrer erneuten Integration gesehen.

Die ausgeklügelte, neuzeitliche Technik ist häufig so klein, dass sie fast unsichtbar geworden ist. Dies unterstützt das Ziel des neuen Designs, auf Aussehen und Form der Technik keine Rücksicht mehr nehmen zu müssen, sondern sich auf die Intelligenz, die Logik und die Leistung konzentrieren zu können.

Inzwischen ist die Qualität des Regenwassers wieder so hoch, dass es von jedem in der Natur als Trinkwasser genutzt werden kann. Jede Wohnanlage wird mit einer eigenen Verrieselungsanlage errichtet, sodass Brauchwasser in der unmittelbaren Nähe gereinigt und dem Kreislauf wieder zugeführt werden kann. So eine neuzeitliche Dorfanlage ist absolut autark in der Versorgung ihres Wasser- und Energiebedarfs. Die Dezentralisierung der letzten Jahrzehnte und die höchstmögliche Selbstversorgung der Wohnanlagen hat dazu beigetragen, die Umweltemissionen in diesem Bereich gen Null zu bringen.

Merlina trifft Ayla im Garten ihres Hauses inmitten einer kleinen Kinderschar. Ayla hat die Großmutterrolle in ihrer Wohngemeinschaft übernommen und tut damit, was sie ihr ganzes Leben lang gerne tat. Sie bereitet Menschen auf ihr Leben vor und bietet ihnen adäquate Vorschläge für die Lösung ihrer Probleme. Sie lebt und vertritt das Motto: werde der Situation gerecht, nicht deinen Mustern. Nach einer sehr herzlichen Begrüßung übergibt Ayla die Kinder an eine andere Frau und erfüllt Merlina den Wunsch, einen Spaziergang durch den angrenzenden Wald zu machen.

„Ich kann heute gar nicht genug Energie aus dem Wald bekommen. Ich bin mir noch nicht sicher, was in mir passiert, aber ich spüre, dass ich in einem ausserordentlichen Prozess stecke, seit ich mich mit der alten Zeit unserer Gesellschaft beschäftige. Ich bin gespannt, was sich da noch alles zeigen will und ich bin auch sehr gespannt auf das, was du mir über das Thema Sucht erzählen wirst."

„Ich habe mir schon Gedanken gemacht, wo ich anfangen soll. Das ist gar nicht so einfach. Sucht war damals sehr verbreitet. In erster Linie dachten die Menschen damals an Drogen, wenn sie an Süchte dachten. Es gab unzählige Naturdrogen und noch mehr synthetisch hergestellte Partydrogen. Aber Sucht als solches war ein Grundproblem. Der Art und Weise der Befriedigung von Süchten waren keine Grenzen gesetzt. Nahezu jeder menschliche Bereich des Seins konnte zur Sucht ausarten. Und wie das Wort es ja schon sagt, hat Sucht etwas mit suchen zu tun. Meistens wurde nach der Ursache einer Sucht auf einer ganz persönlichen Ebene des betroffenen Menschen gefahndet. Die sozialen Hintergründe und die Art seiner Sozialisierung wurden untersucht und es wurden veränderte Handlungsmöglichkeiten angeboten. Die Rückfallquote der süchtigen Menschen nach einem Entzug oder einer Therapie war unglaublich hoch und hat viele Therapeuten beschäftigt, entmutigt und ausgebrannt. Es hat lange gedauert, bis wir die eigentliche Ursache herausfanden. Denn die lag nicht so sehr in den ganz persönlichen Schicksalen, diese beeinflussten mehr den Umgang mit dem eigentlichen Problem. Das eigentliche Problem ist dir bestimmt in den vergangenen Tagen immer wieder begegnet, denn letztlich lief und läuft auch heute noch jede krankmachende Störung darauf hinaus. Sobald der Mensch die Verbindung zum Ganzen verliert, entsteht ein Mangel, entsteht eine Lücke - und die Suche beginnt. Die Menschen sahen sich nicht länger als einen Teil der Natur, als ein kleines Rädchen im großen Gefüge. Sie erhoben sich über alles andere und sie isolierten sich dadurch. Diese innere Isolation versuchten sie durch Reize im Außen auszugleichen. Geld verdienen und Geld ausgeben, also arbeiten und Konsum, beschäftigte sie den ganzen Tag lang und sollte so teilweise die entstandene Lücke füllen. Fortan bestimmte das Außen ihr Leben. Und weil sie den Zugang zu ihrem Inneren verloren hatten und sich selber gar nicht mehr spürten, musste das Außen immer mehr bieten. Häufig war das ganze Leben eine einzige Kompensation ihrer inneren Leere. Lange glaubten die Menschen, dass ihre Lebensqualität darin bestünde, viel zu besitzen, also etwas zu haben. Sie vergaßen, dass sie ihre Lebensqualität in sich trugen und hofften, dass ein immer Mehr im Außen sie von ihrer inneren Leere befreien würde. Die Menschen müllten sich regelrecht mit Konsumgütern zu, die sie nicht brauchten und lenkten sich damit von ihren eigentlichen Problemen ab. Ihr Inneres verkümmerte, verwahrloste und verkam immer mehr.

Damals redeten die Menschen von einem Werteverfall. Aber das empfand ich nur als die halbe Wahrheit, denn ich bemerkte, dass das Gros der Menschen innerlich verkommen, verwahrlost, roh und ohne jegliches Mitgefühl war. Dieser jämmerliche Zustand ließ sich offensichtlich damals nur ertragen, wenn ein Ersatz im Außen mit vermeintlichem Wert versehen wurde. Also wurde der Konsum in Form von Wirtschaftswachstum zu einem Wert erhoben, der geschützt und ausgebaut werden musste. Und die Süchte nahmen zu, denn eine Krankheit ist nicht mit einer anderen Krankheit zu kurieren. Das fehlende Zugehörigkeitsgefühl zur Natur und zu ALLEM WAS IST, sollte durch die Zerstörung der Natur kuriert werden, was für ein absurder und auch kranker Gedanke. Erst das Weibliche Prinzip setzte dem ein Ende. Die wiederentdeckte und wirklich nachhaltige Liebe zur Natur lehrte uns, wieder ein Teil des Ganzen zu werden. Das Mitgefühl mit allen Kreaturen dieses Planeten half uns auch im ganz persönlichen Bereich. Wir mussten uns nicht mehr schämen für das, was wir taten, denn unser Tun befand sich bald auf dem Weg zum Gleichklang mit dem Gesetz, das die Würde der Natur schützte, und so erlangten die Menschen ganz langsam auch wieder ihre eigene Würde zurück. Mit dieser wiedergewonnenen Würde wurde es leichter, ins eigene Innere zu schauen. Es war ein kontinuierlicher Prozess der Heilung. Niemand musste sich länger mit Ersatz zufrieden geben. Die entstandenen Lücken in unserem Innern wurden mit den verlorengegangenen und wiederentdeckten Werten Liebe, Naturverbundenheit, Mitgefühl und Solidarität geschlossen. Schamanen hatten in dieser Entwicklungszeit Hochkonjunktur. Viele Seelenanteile hatten die

Menschen verlassen und mussten nun zurückgebracht werden, um die Heilung vollziehen zu können. Die Seelenrückholungszeremonien waren genau wie heute immer mit einem kleinen Fest verbunden.

Du kannst dir vorstellen, wie stark diese wunderbaren Feste der Dankbarkeit und des Willkommenheißens die Gemeinschaften belebten. Erst, wenn alle Seelenanteile wieder angekommen und der verkommene Ersatz durch die wahren Werte ersetzt war, konnte ein Mensch nachhaltig von seinen Süchten ablassen, für die nun kein Raum in ihm mehr vorhanden war. Die Menschen konnten nun alles, was sie brauchten, in sich finden und mussten nicht mehr im Außen suchen. Diese unbeschreibliche Befreiung veränderte unser ganzes Leben und gab und gibt ihm auch heute noch die Lebensqualität, die eine wesentliche Grundlage für eine Suchtfreiheit und die Neuordnung war und ist."

„Diese Zusammenhänge sind mir sehr wohl bekannt und bewusst, denn sie sind ja die Grundlage auch für mein Leben. Ich wüsste so gerne mehr aus der damaligen Zeit. Wie muss ich mir das Ausmaß des Suchtverhaltens vorstellen? Was hatte es für Auswirkungen?"

„Du hast Recht. Lass mich mal nachdenken. Wo fange ich da an?" Ayla bleibt stehen und schaut sich um. Ihr Blick fällt auf eine Tabakpflanze, die auf der Lichtung vor ihr im Wald steht. Nehmen wir mal den Tabak als Beispiel. Heute verwenden wir ihn für Zeremonien, Rituale und zum Heilen. Im 19. Jahrhundert wurde er in großen Tabakplantagen angepflanzt und zu Zigaretten, Zigarren und Pfeifentabak verarbeitet. Rauchen war zu einer Volkskrankheit fast aller Nationen geworden. In der Folgezeit brachte dieser Missbrauch bis zu vier Millionen Menschen im Jahr den Tod. In der Zeit vor dem Umbruch wurden mehr als ein Drittel der gesamten Ausgaben im Gesundheitswesen für Maßnahmen verbraucht, um die krankmachenden Folgen des uneingeschränkten Rauchens zu behandeln. Es war eine gigantische Maschinerie. Die Tabakindustrie verschwieg sehr lange die tödliche Wirkung der Inhaltsstoffe von Zigaretten und Co. Dann irgendwann beschloss man - als es ohnehin auf Grund von Studien und Erkenntnissen nicht mehr zu leugnen war - dass auf jeder Packung vermerkt werden musste, dass Rauchen tödlich sein kann und die Gesundheit in hohem Maße gefährdet. Aber die Sucht war bereits so fortgeschritten, dass diese Vermerke die Raucher nicht zu erreichen schienen.

Und im Grunde ging es ja nicht nur um die Raucher und ihre Erkrankungen. Es entstanden auch Schäden an Gebäuden. Es mag für dich jetzt seltsam klingen, aber viele Waldbrände wurden z. B. durch achtlos weggeworfene Zigarettenreste ausgelöst und haben verheerende Schäden angerichtet. Die Umweltbelastung wurde zudem durch unnötigen Abfall erhöht und die Versicherungsleistungen verursachten immense Kosten. Über allem aber stand der Verlust an Lebensqualität durch erhöhtes Krankheitsrisiko und vor allem die nachgewiesene Verkürzung der Lebensdauer nicht nur der Raucher selber, sondern auch der Menschen, die im Umfeld von Rauchern lebten. Das sogenannte Passivrauchen war mindestens ebenso schädlich, wie das eigentliche Rauchen selbst. Ich habe mich damals gerne ironisch geäußert und zu Rauchern gesagt, dass Rauchen schließlich jung hielte, weil man halt nicht alt würde. Die Ironie bestand darin, dass jung zu bleiben damals einen besonderen Stellenwert hatte... aber das hast du sicher bereits von anderen gehört.

Ein anderes Suchtthema war der Alkoholismus. Neben all den erschreckenden Zahlen, die ich jetzt anführen könnte, hatte der Alkohol noch eine andere Wirkung auf die Stimmung der Trinker. Mit einem hohen, meist auch nicht mehr zu kontrollierendem, Alkoholkonsum ging ab einem bestimmten Stadium auch immer eine Persönlichkeitsveränderung einher, die viel Leid über die betroffenen Menschen und deren Umgebung brachte. Es gab keine sozialen Schranken für Süchte, aber wenn es die ärmeren Menschen betraf, dann litt auch immer die gesamte Familie darunter, weil ein großer Teil des zur Verfügung stehenden Geldes für die Sucht gebraucht und ausgegeben wurde. Das führte häufig zu großen Konflikten, die nicht selten mit Misshandlungen einhergingen. Und da die Menschen in kleinen Familien zusammenlebten, war es besonders für die Partner und Kinder oft sehr schwer, diesen Misshandlungen zu entkommen. Es gab keinen Schutz einer sich verantwortlich fühlenden Gemeinschaft. Erst als die Frauen sich wieder zusammentaten, hatten sie die Chance, freie Entscheidungen zu treffen und sich aus der Abhängigkeit zu lösen und damit auch deren Gewalt zu entgehen. Du musst Dir das so vorstellen, dass die Sucht nicht im stillen Kämmerlein nur die betroffene Person betraf, sondern weitreichende soziale Auswirkungen auf die Familien und das gesamte Umfeld hatte. Für Kinder war dies eine Hölle, die sie bis zu ihrem Lebensende beeinflusste, wenn sie nicht therapeutisch behandelt wurden.

Alkoholsucht war als Krankheit offiziell anerkannt, weil die Betroffenen nicht mehr frei entscheiden konnten, sondern von ihrer Abhängigkeit vom Alkohol fremdbestimmt waren. Und wie ich vorhin schon sagte, jeder Lebensbereich konnte zur Sucht werden: Spielleidenschaft, Essverhalten, Arbeitspensum, Anerkennung, Sexualität und am Ende auch das Internet.

Die innere Vereinsamung fand ihren Höhepunkt in der scheinbaren Möglichkeit, anonym im Internet Kontakte zu pflegen. Unter falschem Namen, mit erdachtem Hintergrund und Lebenslauf und einem Gespinst von unüberprüfbaren Lügen, begegneten sich Menschen in ihrer virtuellen Traumwelt und gaben sich ihren Illusionen hin. Es gab viele Menschen, die zwischen ihrer Fantasiewelt und der Realität nicht mehr unterscheiden konnten und so die Orientierung im Außen völlig verloren. Sie verlernten eine aufrichtige Kommunikation und konnten sich einer Überprüfung ihres Lebens nicht mehr stellen.

Diese Menschen waren auch nach dem Umbruch nicht aus ihrer konstruierten Welt zu holen, sie waren therapieresistent und brauchten die liebevolle Zuwendung einer Gemeinschaft bis an ihr Lebensende. Jetzt stirbt die Gruppe dieser Menschen, die man durchaus als sozialisierte Autisten bezeichnen kann, langsam aus."

Merlina ist in die Erzählung Aylas ganz eingetaucht und spürt erneut ein unangenehmes und für sie noch nicht identifizierbares Gefühl, das sich in ihrem Herzen ausbreitet. Ihre Sinne sind plötzlich wie vernebelt und sie glaubt auf einmal, davonlaufen zu müssen.

„Ayla, es geht mir nicht gut. Ich weiß nicht, was sich da in mir zeigen möchte, ich glaube, ich brauche etwas Raum für mich. Diese alte Welt macht sich mit all ihren negativen Auswirkungen in mir breit. Ist es in Ordnung für dich, wenn du alleine zurückgehst und ich noch bleibe?"

„Ja, natürlich meine Liebe. Kann ich noch etwas für dich tun?"

Ayla steht vor Merlina und hält ihre Hände. Ihr Blick und die Berührung ihrer Hände suchen nach beunruhigenden Anzeichen, doch außer einer gewissen Erschöpfung kann sie nichts bei Merlina feststellen.

„Nein danke, Ayla. Ich werde die Kraft der Bäume suchen und den Wind fragen und dann abwarten, was sich zeigen will. Ich hatte bereits heute morgen beim Aufwachen so ein großes Verlangen nach der Energie der Bäume. Ich bin sicher, sie werden mir helfen."

Sie schaut Ayla nach, solange sie ihre Kontur auf dem Waldweg erkennen kann, dann sucht sich Merlina einen moosbewachsenen Platz unter einer großen, alten Eiche, legt ihre Jacke darunter und streckt sich darauf aus.

Merlina schließt ihre Augen und atmet den frischen Duft des Waldes ein. Die Atemübungen bringen sie in eine tiefe Entspannung, und dann ist ihr, als breiten sich die Äste des Baumes über ihr aus, beugen sich herab zu ihr, hüllen sie schützend ein und tragen sie durch die Lüfte fort. Die Konturen ihres Körpers verschwimmen und werden durchlässig. Sie wird eins mit den Lüften, ihre Energie verbindet sich mit allen anderen Energien und vereinigt sich mit der Einen-Allen, welche wir Liebe nennen. So schwebt sie dahin im großen Ganzen, ohne ihre Position zu verändern, denn Zeit und Raum sind aufgehoben. Ihre Wahrnehmung hat eine andere Dimension erreicht.

Unsichtbares wird wahrnehmbar und so steht ihr unvermittelt eine Gruppe Gestalten gegenüber, die sie als Seelen erkennt. Es sind Seelen von Verstorbenen aus der alten Zeit, die den Übergang in das Reich der Seelen bis heute nicht schafften, da sie immer noch verstrickt sind in ihren irdischen Gefühlen. Merlina wird eins mit ihnen und erlebt die Verstrickungen, als wären es ihre eigenen. Sie spürt alles zur gleichen Zeit, und das Gewirr übersteigt ihre Möglichkeiten. Merlina weiß, dass eine tiefere Bedeutung in dieser Begegnung liegt und dass diese Wesen ihre Hilfe benötigen. Sie bittet darum, dass jede einzelne Seele sich ihr zeigen möge und wenn es möglich sei, dann nicht zur gleichen Zeit, damit sie die Chance erhält, sich jedem Gefühl zuzuwenden.

Ohnmacht überkommt sie und augenblicklich kann sie dieses Gefühl einer bestimmten Seele zuordnen. Sie spürt deutlich die Fragen in sich. Warum konnten wir das alles zulassen? Warum haben wir nicht eher daran geglaubt, dass jeder Einzelne von uns eine Wende herbeiführen kann? Warum haben wir die vielen Lügen geglaubt oder uns einreden lassen, dass der „kleine Mann und die kleine Frau von der Straße" keinen Einfluss auf das Geschehen haben? Warum haben wir unsere Verantwortung aus der Hand gegeben und uns dem Gefühl der Ohnmacht ergeben?

Sie fühlt hinter dieser Ohnmacht den Schmerz in ihrem Herzen, die Entmutigung, die aufgrund der vielen Verletzungen entstanden war.

Dann zeigt sich eine andere Seele und deren Gefühl durchdringt

Merlina gänzlich. Es ist eine intensive Überheblichkeit, die Ignoranz und Resignation beinhaltet und die nach Sieger und Verlierer schreit. Sie schreit ‚ich will nicht zurückstecken, ich will nehmen, was ich kriegen kann. Ich kümmere mich nicht um andere, sollen die doch selber sehen, wo sie bleiben. Ich will mir selbst der Nächste sein, was kümmert mich das Unglück anderer.'

Merlina durchfährt ein eisiger Schauer, es nimmt ihr den Atem und im nächsten Moment kann sie erkennen, dass auch hinter diesem Gefühl ein Schmerz steht, der verdrängt ist, ein großer Mangel an erlebter Liebe. Und noch bevor sie Luft holen kann, überkommt sie das Gefühl der nachfolgenden Seele, das sich tief in ihr eingräbt.

‚Die anderen haben Schuld, ich kann nichts dafür! Wenn die anderen doch nur ein bisschen besser wären, ein wenig einsichtiger, dann wäre das alles nicht so gekommen. Aber was konnte ich in dieser Situation schon tun. Niemand hat mir eine Chance gegeben. Die Gesellschaft hat meine Ideen nicht gehört und ist selber Schuld, dass ich aufgegeben habe'.

Die Gefühle prasseln auf Merlina herab, durchziehen sie und reißen sie fort. Als nächstes spürt sie ein dumpfes Dröhnen in ihrem Körper, das durch das Gefühl von Verantwortungslosigkeit ausgelöst wird. Wie Nadeln stechen Gedanken in ihrem Gehirn.

‚Ich hätte ja gerne was getan, aber ich war alleine viel zu schwach. Ich konnte mich nicht entscheiden und konnte keine Wahl treffen. Ich habe mich angepasst, damit ich überleben konnte. Ich hatte keine Chance und mein kleiner Beitrag hätte ohnehin nichts verändert. Vieles habe ich ja gar nicht gewusst. Mir war nicht klar, dass alles bereits so schlimm war. Warum hat mir denn keiner etwas gesagt?'

Eine Seele nach der anderen überträgt Merlina ihre aufgestauten Gefühle und mit jedem weiteren Gefühl bekommt Merlina neue Bilder aus der alten Zeit zugesandt, die sie verknüpft und zu einem fast vollständigen Bild der verhindernden Meinungen der alten Zeit werden lässt. Sie durchlebt alle Gefühle, Gerüche, Energien und alle Argumente und die dazugehörigen Situationen und erkennt die Tragik, das Drama der alten Zeit. Das intensive Erleben zerrt an ihrer energetischen Substanz. Mit letzter Kraft bedankt sie sich für die Unterweisung und bittet die Seelen, noch zu bleiben. Dann ruft sie die Kräfte der Elemente an, sie zu stärken und ihr die alten, unverdauten Gefühle zu nehmen und sie zu transformieren. Ein kräftiger und doch zärtlicher Wind kommt auf und Merlina spürt, wie sich

ihre Zellen in ihm reinigen können und wie der Wind alles von ihr fortnimmt. Dann strömen die starken Energien des Baumes in sie ein und geben ihr neue Kraft.
Merlina fühlt sich wieder leichter und durchlässiger und sie kann erkennen, dass auch die Seelen ein wenig erleichtert sind. Sie spricht ihnen Mut zu und bietet ihnen an, dass sie sie in den nächsten Tagen begleiten könnten, damit sie ihnen zeigen könne, dass sich alles zum Guten gewendet habe und dass es an der Zeit sei, von den alten Gefühlen abzulassen. Sie verspricht ihnen, sie zum Vorhang zu begleiten, sollten sie es nach dieser Zeit immer noch nicht alleine schaffen. Dann konzentriert Merlina ihre gebündelte Energie auf Costas und seinen Vater und nach einer Weile erscheinen die beiden vor ihrem inneren Auge. Sie kann das Bild halten und es gelingt ihr, das Bild zu projizieren, so dass es auch für die Seelen sichtbar wird. Es ist ihr erster Beweis an die Wesen für eine gelungene Veränderung.
Die Projektion zeigt Costas und seinen Vater in einer Art Café, einem Treffpunkt für Kultur- und Wissensaustausch. Sie sind mit ihren Köpfen über Pläne gebeugt und diskutieren hitzig, aber wohlgelaunt über die Möglichkeit, die Energie von Blitzen einzufangen, zu katalysieren und zu speichern.
Merlina wendet sich den Seelen zu, die sich um sie herum versammelt haben und mit einem ermutigenden Lächeln beginnt sie nun ihrerseits die Unterweisung.
„Seht hin, wie weit unsere Technik fortgeschritten ist. Im Laufe der vergangenen fünfzig Jahre wurde in der Energiepolitik kräftig aufgeräumt. Als Erstes wurden alle Atomkraftwerke geschlossen und nach und nach demontiert. Die Wissenschaft hat sich gleich zu Anfang - angeregt durch das neue Paradigma des Weiblichen Prinzips - die Aufgabe gestellt, ein Glasgemisch zu entwickeln, in dem die kontaminierten Werkstoffe eingeschlossen werden konnten, um die Gefahr einer Verströmung zu verhindern. Das hat mehr als ein Jahrzehnt gedauert, doch dann war alles, so sicher wie zur damaligen Zeit möglich, im Glas verschwunden. Danach hat der Weltältestenrat eine Region gesucht, in der die verglasten Atomabfälle lagern konnten. Noch vor der großen ökologischen Katastrophe hat die Klimaveränderung die Wüstenanteile auf verschiedenen Kontinenten vergrößert. In eines dieser riesigen Wüstengebiete wurden die Glaskuben aus allen Teilen der Welt gebracht. Dort, in dem ohnehin menschenleeren Raum, entstand das Endlager eurer Sünden.

Und mit jeder neuen Entwicklung wird die Sicherheit verstärkt und wir hoffen alle, dass die Dinge dort die erforderliche Zeit überdauern können und ohne durch Erosion gefährdet zu sein, der gegenwärtigen Natur auch keinen Schaden mehr zufügen können.
Parallel dazu verbot das Weibliche Prinzip und das aus ihr entsprungene Gesetz zur Erhaltung der Würde der gesamten Natur, die Förderung von fossilen Brennstoffen. Keine Kohlekraftwerke mehr, keine Öl- oder Erdgasförderung mehr. Aus den Schubladen der Wissenschaftler strömten die technischen Möglichkeiten für Alternativen und die Menschen merkten, dass auch schon Jahre zuvor eine Wende hätte möglich sein können, wenn die mächtige Lobby der fossilen Brennstoffindustrie dies nicht verhindert hätte.
Die Strukturen hatten sich umgekehrt. Es war nicht mehr die Wirtschaft, die die Wissenschaft bezahlte, um Dinge zu entwickeln, die profitträchtig schienen. Jetzt war es die Natur, die den Auftrag zur Behebung der Schäden gab und Neuentwicklungen wurden auf die Tauglichkeit zur Erhaltung und zum Ausbau von natürlichen Abläufen geprüft. Das Weibliche Prinzip, als Vertreterin der Natur, beauftragte die Wissenschaft und ihre Ergebnisse wurden dann in der Wirtschaft umgesetzt.
Die gehätschelte Automobilindustrie bekam damals den Auftrag, ihre Hausaufgaben zu machen und Transportmöglichkeiten zu schaffen, die dem neuen Geist entsprachen. Wer sich nicht darauf einlassen wollte, verlor seinen Markt. Einige der Firmen schlossen, andere rüsteten um und übernahmen neue Aufgaben im Umweltbereich. Die Wissenschaft arbeitete mit unglaublicher Effektivität und Effizienz. Es gab in der alten Zeit immer wieder die geschürte Angst um die Arbeitsplätze. Doch dann stellte sich heraus, dass es gar nicht genügend Arbeitskräfte für die Neugestaltung der Wirtschaft gab. Das hing natürlich auch mit den enormen menschlichen Verlusten durch die vielen Umweltkatastrophen und deren Folge zusammen. Die Neugestaltung der Gesellschaft mit ihren neuen Aufgaben - und natürlich auch die Abschaffung des Geldes - stellten die Welt auf den Kopf.
Fortan waren nur noch Energiequellen erlaubt, die sich durch die Nutzung nicht erschöpften: Wasserkraft, Windkraft, Sonnenlicht und Erdwärme. Und nun, wie ihr sehen könnt, beschäftigen sich die Forscher mit der Möglichkeit, die Energie von Blitzen einzufangen. Dies allerdings ist reiner Forscherdrang, denn die Energieversorgung

ist auch ohne diese neue Technik ausreichend und gesichert.
Die Einstellung zur Verwendung von Energie ist eine andere geworden. Es geht nicht nur darum, Energie einzusparen, weil vielleicht nicht genügend da sein könnte. Es geht auch darum, die Sinnhaftigkeit unterschiedlicher Maßnahmen zu prüfen und zu klären, ob durch eine bestimmte Anwendung von Energie unter Umständen jemand zu Schaden kommt.
Unter dem Aspekt, dass es nicht nur um die Belange der Menschen geht, werden Lichtquellen genauestens dahingehend überprüft, ob sie Tieren oder Pflanzen schaden könnten. Dafür gibt es viele Beispiele. An Stränden, an denen Schildkröten brüten, sind nur Lichtquellen erlaubt, die in Richtung des Wassers weisen, damit die geschlüpften kleinen Schildkröten ihren Weg ins Wasser finden und nicht die falsche Richtung einschlagen. Lichtquellen, die Vögel auf ihrer jährlichen Wanderung irritieren könnten, sind ebenso verboten. Der Himmel über uns ist nachts wieder dunkel geworden, weil wir gelernt haben, auf nächtliche Beleuchtung zu verzichten. Das ist heute kein Problem mehr, da es eine verschwindend geringe Kriminalität gibt und die heutige Gesellschaft weiß, dass künstliches Licht auch dem Menschen schadet und seinen Biorhythmus auf krankhafte Weise verändert."
Merlina holt tief Luft und schaut erwartungsvoll in die Richtung der sie umringenden Seelen. Die Schwere ihrer Energie hat wieder ein kleines Stückchen abgenommen. Dann wendet sie ihren Blick und schaut liebevoll auf die Projektion von Costas und bei seinem Anblick öffnet sich ihr Herz noch weiter. Ihre Liebe strömt in seine Richtung und im gleichen Augenblick hebt Costas den Kopf und schaut suchend in die Runde. Er kann ihre Aufmerksamkeit spüren, als wäre sie in seiner Nähe, sehen kann er sie nicht. Dann, einen Moment später, ist er wieder ins Gespräch vertieft.
Merlina spürt, dass es Zeit ist, wieder in die alltägliche Wirklichkeit zurückzukehren. Sie verabschiedet sich von den Wesen, erneuert ihre Einladung und verspricht, wieder mit ihnen in den Kontakt zu kommen und kehrt zu ihrem Ausgangspunkt unter der großen Eiche zurück.
Nach und nach werden ihre körperlichen Konturen wieder deutlich für sie spürbar. Sie atmet tief und gleichmäßig. Die Äste des Baumes richten sich auf und geben sie wieder frei.

Merlina schaut in den Sonnenaufgang und lässt das gestrige Erlebnis noch einmal vor ihren Augen revuepassieren. Das Eintauchen in die Gefühlswelt der alten Zeit hat sie stark mitgenommen und so ist sie dankbar, als Costas ihr mitteilt, dass er den Abend mit seinem Vater verbringen wird. Das gibt ihr den notwendigen Raum, um ihre Gedanken zu sortieren. Sie hat großes Mitgefühl für die Menschen der damaligen Zeit und beginnt langsam zu verstehen, warum es so lange gedauert hat, bis endlich eine Änderung hervorgerufen wurde. Sie fragt sich, wieviel Leid Menschen ertragen können und müssen, bevor sie aufstehen und sich wehren? Wie dumpf musste das Bewusstsein damals gewesen sein, um die Vorgänge verdrängen zu können. Das lineare Denken hat sie offensichtlich alle immer weiter voran getrieben und ihnen wenig Chance gegeben, zurück zu schauen. Bei diesem Gedanken stoppt Merlina. Sie hat den Satz gestern gleich mehrfach gehört. "...niemand hat mir eine Chance gegeben..."

War das der Zeitgeist von damals? Haben die Menschen wirklich darauf gewartet, dass ihnen irgend ein anderer eine Chance gibt? Glaubten sie denn tatsächlich, dass Chancen gegeben und nicht kreiert werden müssen? Dieser gedankliche Irrtum könnte eine große Rolle gespielt haben. Merlina stellt sich die Frage, was hinter diesem Irrtum stecken mochte? Wenn jemand darauf wartet, dass ein anderer ihm sagt wohin es geht, dann bedeutet es, dass einer das Sagen haben muss und die anderen der Richtung folgen. Sie erkennt darin das typisch lineare Denken und begreift in diesem Moment das weitreichende Ausmaß der Auswirkungen des damaligen Systems. Der Gedanke des unbedingten Leaderships war gut für die wenigen Leader, aber schlecht für den Rest der Bevölkerung. Dieser Gedanke, dass einer das Sagen haben müsse, hat es jenen leicht gemacht, die Massen zu lenken. Wohin das geführt hat, hat sie gestern an der vorherrschenden, früheren Gefühlswelt erkennen können. Im Weiblichen Prinzip, also in ihrem Leben und ihrer Gesellschaft, ist das anders. Alle haben gelernt, dass es Freude macht, die Verantwortung für das eigene Leben zu übernehmen und in eigenen Händen zu halten. Diese Übernahme von Verantwortung hat ihnen die Freiheit geschenkt, auf die ihre Gesellschaft so stolz ist. Das bedeutet nicht, dass sie sich alleingelassen fühlen. Ganz im Gegenteil! Die Kommunikation ist einfacher geworden, weil die Menschen einem anderen gerne beratend zur Seite stehen und jeder gerne von seinen Erfahrungen berichtet. Zu wissen, dass jeder dennoch seine Verantwortung behält, entlastet kolossal und ist die Grundlage für Zugewandtheit und Wohlwollen. Der wichtigste Aspekt ist dabei das Selbstwertgefühl. Mit den Gefühlen, die sie gestern durch die Seelenwesen erfahren hat, konnte kein tragfähiges Selbstwertgefühl entstehen. Die Ohnmacht, die sie empfunden hat, war ihrem eigenen Wert in der Situation sehr abträglich. Könnte auch das ein Ziel des Männlichen Prinzips sein? Den anderen klein zu halten, um selber groß zu erscheinen? Es würde im Denken den Kampf um die erste Stelle vermeintlich erleichtern, allerdings auch ungeheure soziale Schäden hinterlassen. Für sie ist diese Ohnmacht auch Ausdruck von Entmutigung. In der damaligen Gesellschaft schien Entmutigung weit verbreitet zu sein.

Das Gefühl, selber nichts ausrichten zu können, entspringt einem konstruierten, niedrigen Selbstwert des Menschen. Wie passte das in den Köpfen der Menschen zusammen? Zum einen erhöhten sie sich als Rasse, also auch als Masse, über den Rest der Natur, und auf der anderen Seite fühlte sich der Einzelne mehr oder weniger handlungsunfähig? Da stimmte doch etwas nicht. Merlina glaubt zu ahnen, was es sein könnte, doch sie kann sich nicht vorstellen, dass Milliarden von Menschen sich derart hinters Licht führen ließen. Wie konnten Menschen ernsthaft glauben, dass sie nicht mehr wert sind, als eine Handvoll Reis? Oder wie konnten Frauen wirklich glauben, dass ihnen weniger zustünde als den Männern? Wie konnte es geschehen, dass ihnen ihre Göttlichkeit abhanden gekommen war? Es hieß, Gott hätte alles nach ihrem Ebenbild geschaffen. Also sind Frauen und Männer göttliche Wesen. Und die Frauen hielt Gott, das Universum, offensichtlich für geeignet, weiteres Leben zu schenken, also die schöpferische, lebensspendende Aufgabe zu übernehmen.

Wie konnte es da geschehen, dass dieses Wunder so viele Jahrtausende übersehen oder verdrängt wurde? Das war die eigentliche Katastrophe der Menschheit und wäre beinahe ihr Ruin geworden. Nur die Rückkehr zum Weiblichen Prinzip hat die Vernichtung verhindert.

Merlina spürt in sich hinein und nimmt wieder diese fremde Zerrissenheit der Gefühle wahr. Braucht sie heute eine Erholungspause?

Was will sie mit diesem Tag anfangen? Erst einmal frühstücken. Sie schaut auf die Uhr und sieht, dass sie mit ein bisschen Glück Grandma noch beim Frühstück antreffen würde. Das Verlangen, ausgerechnet heute mit ihr den Tag zu beginnen ist sehr intensiv und Merlina weiß, dass dies kein Zufall ist, sondern eine Bedeutung hat, die sich im Zeitverlauf noch zeigen wird.

„Guten Morgen, meine Kleine. Wie geht es dir heute?"
„Guten Morgen, Grandma. Sehr ambivalent. Ich hatte gestern ein sehr intensives Erlebnis mit der alten Gefühlswelt und das sitzt mir noch in den Zellen." Merlina umarmt ihre Großmutter zärtlich und haucht ihr Küsse auf die Wangen. Mit einem Blick erkennt sie wieder den Ausdruck auf Quierys Gesicht. In den letzten Tagen ist er ihr immer wieder aufgefallen, aber sie kann ihn nicht deuten.
„Grandma? Es gibt eine Ausstrahlung von dir, die ich nicht deuten kann. Sie beunruhigt mich, und ich weiß nicht warum."
„Es ist nichts, was dich beunruhigen muss. Ich glaube, meine Seelenfamilie wird mich bald abholen. Sie zeigt sich immer öfter, und meine Aufgabe in diesem Leben scheint erfüllt zu sein."
Merlina zuckt innerlich zusammen. Der Gedanke, ohne ihre Großmutter zu leben, ist ihr gar nicht gekommen und auch wenn der Tod keinen Schrecken für sie hat, so wird es ihr nicht leicht fallen, den neuen Zustand zu akzeptieren.
„Gibt es irgendwas, was ich tun kann?"
„Nein. Du und ich, wir leben das Leben auf die richtige Weise. Es gibt nichts zu ändern. Lebe genau so weiter. Deine Entwicklung hat mich immer glücklich gemacht. Zuzuschauen, wie du das Leben anfasst, wie du neugierig auf die Dinge zugehst, die sich zeigen, das alles ist wunderbar. Ich wünsche dir von ganzem Herzen das Glück des ganzen Universums. Ich werde immer bei dir sein, das weißt du. Wir werden immer miteinander verbunden sein, auch wenn diese gealterte Hülle mich nicht mehr umgibt."
Merlina umschließt Grandma zärtlich und möchte sie festhalten - für immer. Aber sie weiß, dass sie sich lösen muss. Von dem Gedanken lösen muss und von der Hülle.
„Vielleicht erlebe ich die Feier noch, obwohl das kein Herzenswunsch von mir ist. Ich habe das Gefühl, dass in meinem Leben nichts offen blieb und dass ich so intensiv wie es mir möglich war, alle Phasen meines Lebens lebte. Ich glaube, ich habe nichts

ausgelassen." Grandma schmunzelt, und Merlina kann die Leichtigkeit fühlen. Diese Leichtigkeit hat die letzten Jahrzehnte Grandmas Leben bestimmt, und sie erinnert Merlina jetzt daran, dass sie ihre Großmutter mit einer ebensolchen Leichtigkeit auch gehen lassen will. Sie werden sich wiedersehen, Merlina ist fest davon überzeugt, dass ihre Großmutter und sie aus der gleichen Seelenfamilie stammen. Dann wird es ein freudiges Wiedersehen geben. Und bis dahin wird sie ihre Lebensaufgabe herausfinden und so konzentriert wie möglich leben.
„Was hast du heute noch vor?"
„Ich möchte ins Archiv gehen und mir Filmmaterial zum Thema Landwirtschaft der alten Zeit ansehen. Und ich hoffe, dass ich es aushalten kann. Seit mir gestern die Seelenwesen und deren Gefühle begegneten, bin ich tiefer eingetaucht, als ich mir das vorstellen konnte. Es ist schmerzvoll und anstrengend, und doch ist es sehr, sehr lehrreich, weil ich die Zusammenhänge immer besser verstehen lerne."
Eine knappe halbe Stunde hat es gedauert, dann schaltet Merlina den Projektor wieder aus. Eine halbe Stunde, in der schon wieder die ganze Absurdität, das Chaos und die Tragik der alten Welt auf sie einprasselte. Inzwischen muss sie die Frage nach dem ‚wie konnten die es nur aushalten' nicht mehr stellen. Zweifelsohne ist es den Menschen früher nicht anders ergangen, als es ihr jetzt ergeht.
So viel Zerstörung und Absurdität zu ertragen, ist kaum möglich. Der Mensch hat in seiner Konstruktion ein Mittel dagegen: er verdrängt einfach und will mit dem Ganzen nichts mehr zu tun haben. Er möchte einfach nur in seiner kleinen, noch ein bisschen heilen Welt weiterleben und schiebt alles andere von sich. Leider damit auch die Verantwortung. Und zwar nicht nur für sein Tun, sondern auch für die Unterlassungen, die er täglich lebt. Dass die Dinge aus dieser kleinen, heilen Welt auch das große Ganze betreffen, vermochte der Mensch offensichtlich zu leugnen.
Diese knappe halbe Stunde hat ausgereicht, um das Desaster deutlich zu machen. Der Film zeigte einen Mann, der täglich Brot auf einer großen Halde zur Vernichtung zusammenschob. Er zeigte, dass trotz des großen Hungers auf der Welt mehr als zwei Millionen Kilo Brot jedes Jahr und dies nur auf dieser einzigen Halde, weggeworfen wurden. Nicht, weil es verdorben war, sondern weil es eine Überproduktion darstellte. Das war täglich ungefähr so viel, wie eine

mittlere Stadt für ihre Versorgung brauchte. So wurde damals mit allen Überproduktionen umgegangen: was nicht verkauft werden konnte, wurde vernichtet oder gar nicht erst geerntet und verdarb auf dem Feld.

Auch dies ist für Merlina ein untrügliches Zeichen dafür, dass der Mensch vom Wesentlichen des Lebens abgekommen und sein ganzes Denken und Tun vom Geld und dem damit verbundenen Profit bestimmt war. Wieder erkennt sie klar, dass das Mittel mit dem Ziel verwechselt wurde. Die Lebensmittel wurden offensichtlich nicht hergestellt, um Menschen damit satt zu machen, sondern um damit Geld zu verdienen und den Profit zu erhöhen.

Desweiteren mussten die Lebensmittel billig genug sein, damit die Menschen für ihre restlichen Bedürfnisse noch genügend Geld übrig behielten. Dies führte zu einer verbilligten Massenproduktion von minderer Qualität. Ursache für ein Desaster in der Preisentwicklung war die Entdeckung der Lebensmittel für Börsenspekulationen. Die Börsen stiegen in den Markt ein und trieben die Preise immer weiter in die Höhe. Nahrung wurde zum Spekulationsobjekt. Angebot und Nachfrage gerieten völlig aus den Fugen und die hohen Ölkosten verschlimmerten alles noch weiter, weil sie die Transportkosten erhöhten und die Kosten zur Düngerherstellung immens stiegen.

Übermäßiges Düngen und der Einsatz von Pestiziden sollten die Produktion erhöhen und damit den Preis senken. Und weil das immer noch nicht lukrativ genug erschien, entschlossen sich die westlichen Regierungen, ihre Landwirtschaft zu subventionieren. Hunderte von Milliarden US-Dollar wurden jährlich aus Steuergeldern in die westliche Landwirtschaft gepumpt. Dies zerstörte systematisch und nachhaltig die Erwerbsmöglichkeiten der armen Regionen auf diesem Planeten, deren einzige Erwerbsquelle oft die Landwirtschaft war und die selbst, bei den Hungerlöhnen, die sie erhielten, dem Konkurrenzkampf nicht standhalten konnten.

Die westliche Ware war durch die Subventionierung selbst nach dem langen Transportweg in die armen Länder noch preisgünstiger, als deren Produkte. Damit wurde diesen ohnehin schon armen Menschen ihre Existenzgrundlage genommen.

Merlina erfuhr aus dem Film, wie qualvoll es in den Massenställen für Hühner, Puten, Gänse und Schweine zuging. Für die Rinder- und Schafhaltung wurden unglaublich große Flächen von Waldgebieten gerodet. Europa hat 90% des Sojafutters für die Massentierhaltung

aus den armen Ländern importiert. Für jedes Kilo Fleisch, das am Ende eines Tierlebens zu erhalten war, mussten zuvor sieben Kilo Getreide an das Tier verfüttert werden.
Getreide, das den hungernden Menschen fehlte. Und wenn damals von hungernden Menschen auf der Erde gesprochen wurde, so handelte es sich nicht um ein paar tausend Menschen. An jedem einzelnen Tag starben damals 100.000 Menschen am Hunger oder an seinen unmittelbaren Folgen. Die Ursache lag nicht darin, dass es zu wenig Lebensmittel auf dem Planeten gab. Es lag an der Verteilung, was im Klartext bedeutet, dass die reichen Länder die Menschen in den armen Regionen verhungern ließen. Das war Völkermord, ob aus Absicht oder Ignoranz spielt dabei keine Rolle.
Merlina denkt daran, dass das Fütterungsverhältnis auch heute noch genauso ist und dass genau aus diesem Grund Fleisch ein seltener Luxusartikel geworden ist. Ohnehin ist die Massentierhaltung durch die neue Ordnung verboten worden.
In der Landwirtschaft der alten Zeit waren durch die Globalisierung viele Dinge in eine Schieflage geraten. Genverändertes Saatgut breitete sich immer weiter aus, und die Menschen, die sich dem weitaus naturbelassenen Anbau von Gemüsen und Obst verschrieben hatten, hatten größte Angst, dass eines Tages auch ihre Lebensmittel genverändert sein würden, weil die Verbreitung durch die natürliche Bestäubung der Insekten nicht kontrollierbar war.
Die Produktion von Hybridsamen machte die Bauern abhängig von ihren Saatgutlieferanten, da sie jedes Jahr aufs neue Saatgut kaufen mussten. Hybridpflanzen ergaben keine fruchtbaren Samen für das nachfolgende Jahr. Einmal in diesem Kreislauf gefangen, wuchs die Abhängigkeit der Bauern und sie unterlagen dem Preisdiktat. Zudem war der Geschmack und die Qualität dieser Lebensmittel von minderem Wert. Doch die Konsumenten sahen nur das gleichmäßige und bilderbuchhafte Äußere der Früchte und gaben diesen den Vorzug.
Viele befürchteten damals zu Recht die Monopolstellung eines großen Saatgutherstellers, doch die Proteste versickerten. Zu groß waren dessen Lobby und Macht.
Nach der Umstellung der Landwirtschaft auf natürliche Umstände wurden Hybridsamen genauso verboten wie andere Genmanipulationen. Auch die Verarbeitung von Pestiziden wurde durch natürliche Prozesse ersetzt. Mit dem Transport der Waren hin und her über den ganzen Globus wurden immer wieder viele Kleinstlebewesen

aus ihrer natürlichen Umgebung in andere Länder eingeschleppt, die dort Schaden anrichteten, weil ihre natürlichen Feinde nicht mehr vorhanden und so die Population nicht mehr einschränken konnten. So forschte die neue Wissenschaft gerade auch in diesem Bereich so lange, bis die Zusammenhänge erneut verstanden und wiederhergestellt wurden. Pestizide wurden durch natürliche Feinde ersetzt. Die vielen Krankheiten, die durch die Verabreichung von Pestiziden auf Lebensmitteln entstanden, nahmen wieder ab. Dazu gehörten viele Allergien und Hautkrankheiten. Vor allem in der Blumenzucht wurden in unglaublich hohem Maße Pestizide versprüht. Dabei gab es oft für die Arbeiter auf den Plantagen keinerlei Schutz für ihre Gesundheit. Besonders in den armen Ländern Afrikas oder Kolumbiens waren die Arbeiter den Pestiziden direkt ausgesetzt, Schutzkleidung gab es in den allerwenigsten Fällen. Für die Verbraucher wurde das Schnuppern an den Schnittblumen zu einem Gesundheitsrisiko, zumal von den Züchtungen ohnehin kein Blumenduft mehr ausging.

Bei der Erinnerung an den Filmausschnitt überkommt Merlina Übelkeit, ein mutloses Gefühl stellt sich wieder ein und sie erkennt, dass die Seelenwesen wieder in ihrer Nähe sind. Im selben Moment ihrer Wahrnehmung zeigen sie sich auch schon und beginnen ein Gespräch.

‚Kannst du nachempfinden, wie es uns ergangen ist? Jeder, der sich damals intensiv mit dem Zustand der Natur und den Gegebenheiten beschäftigt hat, konnte nur so empfinden. Du bist erst seit wenigen Tagen damit in so intensiven Kontakt, wir haben in diesen Zuständen gelebt. Und die meisten von uns haben den Weg in die Verdrängung gewählt, weil das ganze Ausmaß der Zerstörung und das Bewusstsein um die Not so vieler Milliarden Menschen gar nicht auszuhalten war. Immer und immer wieder hat man uns weisgemacht, dass es keine andere Lösung für die Probleme geben würde und wir haben uns damit zufrieden gegeben. Es hätte mehr Mut erfordert, aus dem System auszusteigen, als wir offensichtlich hatten. Unmerklich waren wir Generation um Generation vom Wesentlichen abgekommen. Besonders wir Frauen hatten vergessen, dass wir von der Schöpfung auserwählt worden waren, das göttliche Werk weiterzuführen und damit gleichermaßen auch auserwählt waren, für den Fortbestand Verantwortung zu tragen. Die Unterdrückung und die Demütigungen von vielen tausend Jahren haben unseren Geist vernebelt und wir

haben uns die Verantwortung nehmen lassen. Mit dieser Verantwortung schwand auch die Verbundenheit mit allem, was in der Natur vorhanden war. Wir haben uns die Verantwortung für das Leben auf der Erde nehmen lassen und wir haben unsere Aufgabe vergessen. In diesem Schmerz und der Verantwortungslosigkeit entstand ein Vakuum und in ihm eine Sehnsucht. Kaum spürbar und doch allgegenwärtig, ganz subtil als Erinnerung in jeder unserer Zellen.
Diese Sehnsucht konnten wir lange nicht klar formulieren, sie lebte in Ahnungen und Vermutungen in uns. Wenn diese laut ausgesprochen wurden, entstand sofort ein Widerstand, der sie niederredete und in den Bereich der unrealistischen Phantasien verbann. Die Stimmen in uns waren zart und ängstlich, weil nicht erwünscht. Das Weibliche Prinzip wurde abgewertet und wir haben es zugelassen. Heute bereuen wir unsere Untätigkeit und finden keine Ruhe. Es gab noch einen Bereich, den du dir im Film gar nicht mehr angesehen hast und auch an der Stelle haben wir Menschen ganze Arbeit geleistet. Ich meine den Zustand der Ozeane und Weltmeere. Wir, und damit meine ich die Gruppe derer, die sich dir im Moment zeigt, waren davon besonders betroffen, weil wir auf einer Insel lebten. Zu unserer Zeit hatten die Menschen schon lange aufgehört, nur das zu fischen, was sie für ihren Bedarf brauchten. Es war ja bereits die Zeit, in der wir sinnlos auf Vorrat lebten. Unsere Fischer haben damals ganz genau die Natur studiert. Sie konnten anhand der Wellenlänge und der Beschaffenheit von Zyklus und Schaumkronen feststellen, wie sich viele Kilometer entfernt das Meer zeigte. Sie haben die Pünktlichkeit der Natur ernst genommen und genutzt und waren dadurch in der Lage, zur richtigen Zeit am richtigen Fleck zu sein, um die Schwärme einfangen zu können. Das war besonders beim Langustenfang von außerordentlicher Wichtigkeit. Langusten sind auf die Minute pünktlich, und entweder es wurde ein reichlicher Fang oder man fing gar nichts.
Als dann die Globalisierung weiter voranschritt und die Länder sich zu großen Gemeinschaften zusammenschlossen, wurde das alte Wissen der Fischer abgeschöpft und für den industriellen Fischfang verwendet. Wir mussten alles genau aufschreiben, wo und wann wir was fischten. Damit haben sie uns unser Wissen gestohlen. Der industrielle Fischfang wurde durch die uns aufgezwungene Mithilfe zu unserer größten Konkurrenz, und viele von uns gaben auf.
Wir fuhren jede Nacht hinaus und kamen täglich zurück. Die riesigen

Industrieschiffe blieben mehrere Wochen auf See und verarbeiteten einen Teil der Fische direkt an Bord. Manche Schiffe waren reine Konservenfabriken und verarbeiteten auch Fische, die wir Fischer niemals gegessen hätten. Und was sie nicht gebrauchen konnten, das warfen sie einfach wieder ins Meer.
So wurde nach und nach der Fischbestand derart dezimiert, dass wir Gefahr liefen, die Meere völlig zu entfischen. Aber selbst diese Katastrophe war nur eine von mehreren, die unsere Meere damals betrafen. Die Verschmutzung der Weltmeere war unvorstellbar. Neben den giftigen Chemikalien, die zu Millionen von Litern täglich ins Meer flossen, kam noch die Verschmutzung durch Schiffsunglücke hinzu. Immer wieder gab es Unfälle von Öltankern, die ganze Regionen verseuchten und damit die gesamte Flora und Fauna über lange Zeiträume vernichtete. Nicht selten wurden alte Schiffe einfach auf dem Meer versenkt, weil die Entsorgung teurer geworden wäre und so auch noch Versicherungsprämien kassiert werden konnten.
Es gab Gebiete, da waren die Oberflächen wie Mülldeponien, angefüllt mit Plastikabfall, der sich nicht auflöste, weil wir Menschen doch so stolz auf unsere unkaputtbaren Plastikverbindungen waren. Wenn wir sie wegwarfen, landeten viele von ihnen im Meer. Teilweise über viele Quadratkilometer sichtbar an der Oberfläche und teilweise zermalmt auf dem Boden, oder freischwebend im Wasser wie Plankton. Ein anderes Problem war die Erwärmung des Wassers durch den Klimawandel. Das gesamte Ökosystem der Meere war durcheinander gebracht worden, und ein flächendeckendes Sterben der Korallenriffe ließ nicht Gutes erahnen. Alles in allem hatten wir keine Hoffnung, dass sich das irgendwann noch einmal ändern ließe. Wir tragen noch über unseren Tod hinaus schwer an dieser Schuld.'
Merlina kann den Schmerz der Seelen in sich nachfühlen, doch spürt sie auch, dass es nicht ihr eigener Schmerz ist. Sie ist es gewohnt, in der Gegenwart zu leben und nimmt ihre momentane Gefühlswelt mehr wie einen Kanal wahr, den sie geöffnet hat, um sich einzufühlen und zu verstehen.
„Und wieder lade ich euch ein, mit mir zu sein. Andere nach euch haben diesen Mut aufgebracht, zu den Ursprüngen zurückzufinden und ich möchte euch zeigen, was in den vergangenen fünfzig Jahren daraus entstanden ist."
Merlina legt die Aufzeichnungen wieder an ihren Platz und verlässt das Archivgebäude.

„Kommt mit mir, ich zeige euch das Ergebnis."
Sie schlägt den Weg in die Felder ein. Alle Früchte sind bereits geerntet, nur der Mais wiegt sich noch aufrecht stehend in der Abendsonne.
„Schaut auf die Felder und die Wiesen. Könnt ihr sehen, wie fruchtbar alles aussieht? Es gibt keine Pestizide mehr auf den Feldern, es gibt keine Überdüngung durch Viehfäkalien mehr, alles ist auf das Natürlichste und Notwendigste beschränkt worden.
Das Weibliche Prinzip hat die Verantwortung wieder übernommen und in der Landwirtschaft mit allen schädigenden Einflüssen Schluss gemacht. Genmanipulation ist weder in Form von Hybridsamen, noch anderweitig erlaubt. Pestizide wurden durch natürliche Feinde ersetzt. Seht doch nur, wie kräftig die Wälder dort drüben aussehen. Die Menschen haben weite Flächen wieder aufgeforstet und den Waldböden Zeit und Raum gelassen, sich zu regenerieren und damit einer vielfältigen Tier- und Pflanzenwelt den Lebensraum eröffnet.
Heute beschäftigen wir uns mehr mit dem Leben, als mit dem Sterben. Das Sterben wurde wieder von der Natur übernommen und unterliegt dem natürlichen Rhythmus, nicht einer Zerstörung von Menschenhand. Die Verantwortung für das Leben auf diesem Planeten ist als Bestandteil des Weiblichen Prinzips zurückgekehrt.
Ich kann euch eure Schuldgefühle nicht nehmen doch ich bitte euch, zu sehen, dass alles ein gutes Ende genommen hat. Vielleicht war es für euch noch nicht an der Zeit, einzugreifen. Das heutige Verständnis der göttlichen Ordnung sagt, dass es eine Qualität der Zeit gibt und dass sich alles zur rechten Zeit ereignet.
Worin eure Aufgabe lag, vermag ich nicht zu beurteilen, ganz offensichtlich war es noch nicht die Zeit der Veränderung. Vielleicht ist es jetzt an der Zeit, zu erkennen, was eure Aufgabe zu Lebzeiten war, vielleicht nimmt euch diese Erkenntnis das Gefühl von Schuld."
Ein Windhauch streift Merlinas Gesicht und als sie sich zu den Seelenwesen wenden will, sieht sie, dass sie bereits gegangen sind.

Ein wunderbarer Duft nach frischem Gebäck und Blüten durchzieht das Haus. Im Kaminzimmer der Wohngemeinschaft ist die große Tafel gedeckt. Die Luft ist mit Gesprächsfetzen angefüllt. Es weht der Geist von Abschied und Erinnerung. Seit zwei Tagen ist es hier sehr lebhaft geworden. Menschen, die Merlina noch nie zuvor gesehen hatte, kommen und verbringen ihre Zeit mit Grandma. Es ist Brauch geworden, in den letzten Tagen und Wochen des eigenen Lebens noch einmal Kontakt mit denen aufzunehmen, die einem im Verlauf des Lebens etwas bedeutet haben. Das gibt allen die Gelegenheit, Unausgesprochenes noch zu sagen, Offenes zu klären und noch einmal die Wichtigkeit der eigenen Begegnung hervorzuheben. Und vor allem erscheint die noch verbleibende Zeit im Lichte eines großen Festes und macht das Abschiednehmen zu einer lebensfrohen Zeremonie.

Was früher bei Beerdigungsfeiern geschah, wird jetzt vorweggenommen und erhält dadurch einen ganz eigenen, freudigen Charakter. Vielen Menschen spiegelt dieses Ritual noch einmal ihr ganzes Leben wider und gibt ihnen die Chance, ein Resümee zu ziehen. Es ist das erste Mal für Merlina, an einer solchen Zeremonie teilzunehmen. Und auch wenn sie sehr viel lieber mehr Zeit mit ihrer Großmutter alleine verbringen würde, so ist es dennoch eine große Bereicherung für sie, die vielen interessanten Menschen aus dem langen Leben ihrer Großmutter kennen zu lernen. Sie sitzt da, Stunde um Stunde, und lauscht den Gesprächen.

Nicht immer kann sie ihnen folgen, denn vieles ist ihr unbekannt, wenn die Alten von der damaligen politischen Lage berichten. Ganz augenscheinlich gab es kein gesamtpolitisches Konzept für alle Staaten. Jedes Land, ja sogar jedes strukturelle Parlament innerhalb eines Landes, sorgte nur für die eigenen Belange. Und immer wieder geht es in den Gesprächen um Geld, das sie als Mittel bezeichnen. Mittel, um etwas zu erreichen, und Mittel, ohne die nichts funktionierte. Politik und Geld wurden immer im selben Atemzug genannt. Offensichtlich erwarteten die Menschen früher von ihren Regierungen und deren Konzepten ausschließlich etwas im Zusammenhang mit Geld. Alle wollten mehr davon und wollten, dass die anderen geben, damit sie nehmen konnten. Ein ziemlich armseliger Zustand in der Politik. Da

schien es nicht um ganzheitliche Konzepte zu gehen. Auch nicht um so etwas wie eine ganzheitliche Idee einer Gemeinschaft oder etwa das Wohl des Planeten, auf dem die Menschen lebten.
Das Wort Lobby fiel immer wieder und Merlina bekam eine Ahnung davon, was es bedeuten sollte. Lobbyisten waren Menschen oder Menschengruppen, die nur die Interessen und Ziele eines Unternehmens verfolgten, ohne ein übergeordnetes Ziel für die Gemeinschaft zu sehen.
Die politische Landschaft war zerklüftet, und es gab viele Interessengruppen, die als Vertreter des restlichen Volkes abstimmten, was zu geschehen habe. Es war ganz offensichtlich noch eine sehr entfernte Vorstufe von Demokratie, wie sie heute in Merlinas Gesellschaft gelebt wird. Die Schwierigkeit lag wahrscheinlich in der starken Zentralisierung der Entscheidungen, die irgendwo - weitab vom Ort der Umsetzung - von oben nach unten gefällt wurden.
Es erscheint Merlina so, als hätte damals mehr ein ganz individueller Wunsch nach etwas eigennützigem die Menschen geleitet, als ein Verständnis für die Notwendigkeit oder die Sinnhaftigkeit einer Entscheidung.
Das zentrale Entscheidungskriterium ist in Merlinas Tagen immer und ausschließlich die Frage, ob die Folgen der Entscheidung allen Menschen zugute kommen. Das kann ja auch nicht anders sein, da niemand mehr Geld verteilt, sondern die Menschen ihre Entschlüsse auch aus eigener Kraft und mit eigenem Beitrag in die Tat umsetzen.
Bedingt durch das kosmische Gesetz des Gebens und Nehmens kann immer nur das geschehen, was an Beitrag geleistet wird. Die hohe Eigenverantwortung der Bürger einer Gemeinschaft lässt gar nichts anderes zu und die Erwartung an andere ist dadurch auf ein Minimum reduziert. Allein die Phase der gemeinsamen Planung und die Verständigung auf gemeinsame Ziele und Lösungen, führt die Menschen zusammen und gibt ihnen das Gemeinschaftsgefühl, das für eine gesunde Gesellschaft die Grundlage bildet. Jeder Vorschlag wird aufgegriffen und gemeinsam auf seine Durchführbarkeit überprüft. Bei Entscheidungen, die die Gemeinschaft betreffen, wird das Wohl der Gemeinschaft über das private Interesse eines Einzelnen gestellt. Auch das ist eine Art des Gebens.
Politik ist nicht mehr länger durch die Handlungen und Entscheidungen einiger weniger geprägt, sondern zum eigentlichen

Sinn des griechischen Wortstammes zurückgekehrt: polis ... das Gemeinwesen.
Die Macht wurde den wenigen entzogen und auf viele verteilt. An der Durchführung von Projekten sind alle beteiligt, die sich dafür interessieren und ihren Beitrag dran leisten wollen. Es gibt bei jedem Projekt Menschen, die ihr spezielles Wissen zur Verfügung stellen und eine Art von Koordinierung übernehmen, und andere, die dabei Neues erlernen und ihre Entwicklung voranbringen. Und so können die, die bei einem Projekt hilfreich zur Seite stehen, nicht nur ihren Beitrag leisten, sondern gleichermaßen auch nehmen, indem sie ihr Wissen erweitern und sich unterrichten lassen.
Diese Wechselwirkung wird bei den Menschen sehr geschätzt, weil es ihr grundsätzliches Verständnis von Geben und Nehmen deutlich macht und aufzeigt, dass eine klare Trennung nicht mehr vollzogen werden kann. Sie tun die Dinge aus ganz privater Freude am Tun, aus Freude am Beitrag zur Gemeinschaft und haben jedesmal zur gleichen Zeit auch das Gefühl, dadurch reichlich beschenkt zu werden. Sie nennen es das „Glück im Tun". Dieser Zustand des Glücks im Tun garantiert eine hohe Beteiligung bei allem, was die Gemeinschaft plant und durchführt. Es gibt keine Zwänge mehr, niemand muss mehr etwas tun, was ihm keine Freude bereitet. Immer sind genügend Köpfe und Hände zur Stelle.
Durch ihre Gedanken hindurch greift Merlina einen Gesprächsfetzen auf, in dem es um Politikverdrossenheit geht, und sie lässt sich erklären, wie es dazu kommen konnte und erfährt, dass die Politik sich immer weiter vom täglichen Leben der Menschen entfernte. Die Globalisierung hatte zu so grundsätzlichen Themen geführt, dass der Einzelne sich damit nicht mehr in Verbindung bringen konnte und den Eindruck gewann, es hätte gar nichts mehr mit ihm und seinem Leben zu tun. Die Verstrickungen und die oftmals nicht öffentlich geführten Verhandlungen machten einen Überblick unmöglich.
Ohnehin war das Zutun der Bürger an politischen Prozessen nur noch in geringem Maße erwünscht und möglich. Die Interessengemeinschaften, die sich Parteien nannten, brauchten zwar Mitglieder, aber es kam zunehmend der Eindruck auf, dass diese benötigte Basis der Spitze der Parteien dienen sollte. Das ursprüngliche Konzept von Volksvertretern hatte sich ins Gegenteil verkehrt. Sogenannte Führungskräfte der Parteien fühlten sich nicht mehr als Sprachrohr der Basis, sondern glaubte in zunehmendem Maße, dass es um sie, um

ihre Einstellungen und Denkweisen gehen sollte. Die Verärgerung der Basis sollte dann in Abständen versuchsweise durch politische Versprechen aufgelöst werden, die später fast nie eingehalten wurden. Was wiederum zur Folge hatte, dass das Vertrauensverhältnis zwischen gewählten Volksvertretern und dem Volke selber immer mehr abnahm und schon bald gen Nullpunkt gelangte.

Die allermeisten Volksvertreter wollten ihren eigenen Anteil daran nicht sehen und nannten diesen Vertrauensverlust „Politikverdrossenheit". Ein ungeschicktes Ablenkungsmanöver, das am Kern vollends vorbeiging. Die Geldsummen, mit denen die damaligen Politiker hantierten, standen in keinem Verhältnis zum Leben der Menschen. Diese sorgten sich Tag für Tag darum, eine ordentliche Ausbildung für ihre Kinder bezahlen zu können und dachten in Hundertern, vielleicht in Tausendern. Die Politiker aber sprachen nicht einmal mehr von Millionen in ihrer jeweiligen Währung, sondern hantierten im Milliardenbereich.

Die maroden Industriezweige wurden mit hohen Milliardensummen subventioniert. Die Kaufkraft einer Milliarde Euro war für das menschliche Gehirn damals kaum fassbar - wahrscheinlich auch nicht für die, die damit spielten - für das normale Leben jedenfalls waren es Summen, die sich der Realität entzogen. Es blieben bloße Zahlen ohne Inhalt, die nur dann in das Leben der Menschen traten, wenn Steuern stiegen, Gebührenabgaben erhöht wurden oder Leistungen nicht mehr erbracht werden konnten.

Diese Milliarden wurden zwar von den sogenannten Volksvertretern ausgegeben, doch nicht von ihnen erbracht. Es war das Geld oder besser das nicht vorhandene Geld, das die Bürger aufbringen mussten und nicht nur die Bürger der existierenden Generation, sondern auch die nachfolgenden Generationen wurden damit belastet.

Durch die Abschaffung des Geldes hat dieses unrealistische Spiel ein Ende gefunden. Alle fiktiven Spielereien hatten ein Ende gefunden und Politik war nicht mehr länger ein Ringen um Geld und Vorteile, sondern konnte endlich zur eigentlichen Aufgabe zurückfinden. Von da an wurde alles unter dem Aspekt des Gemeinwohles für alle Bürger des Planeten gesehen und mit der wachsenden Eigenverantwortung der einzelnen Bürger nahm auch das Interesse wieder zu. Die Weltbürger durften sich wieder für ihr Leben und ihre Zustände interessieren, sich dafür einsetzen, und waren den Lobbyisten nicht mehr länger ausgesetzt, die ohnehin die Grundlage ihres Tuns verloren.

Ein großer Teil der alten Gesellschaftsstruktur wurde bereits damals nur durch sogenannte Ehrenämter am Laufen gehalten. All diese Menschen haben nach dem Umbruch einfach weitergemacht und andere positiv angesteckt. Was sie schon jahrzehntelang taten, wurde zur gesunden Praxis und regelte das öffentliche Leben.

Merlina sitzt auf dem Boden vor dem bequemen Sofa, auf dem Grandma sich ausgestreckt hat. Es ist inzwischen Mittagszeit geworden und ein Besucher nach dem anderen hatte sich verabschiedet. Merlina will noch nicht gehen. Still sitzt sie zu Grandmas Füßen und schaut mit einem warmen, weichen Blick in ihr Gesicht. Wie schön sie ist, wie schön ihre Falten sind und wie wunderbar ihre Ausstrahlung selbst bei geschlossenen Augen ist. Grandma streckt ihre Hand aus und Merlina legt sanft die ihre hinein. Ein energetischer Schauer durchströmt ihren Körper und als Merlina auch ihre Augen schließt, sieht sie sich gemeinsam mit ihrer Großmutter in der Runde einer fröhlichen Seelenschar. Sie weiß, dass es die Seelenfamilie ist, zu der Grandma bald wechseln wird. Dann spürt sie neben sich die Wesen, die sie seit einigen Tagen begleiten. Zögernd halten sie sich im Hintergrund, eingefangen von der positiven Präsenz der beiden. Merlina beobachtet die Situation sehr genau und fragt sich, welchen Zusammenhang es gibt und was nun wohl geschehen wird. Im nächsten Augenblick entsteht ein helles Leuchten zwischen allen, und Merlina befürchtet bereits, dass Grandma mit ihnen gehen wird, doch dann sieht sie, dass das Leuchten sich auf die Wesen ausbreitet, die im Hintergrund stehen. Sie werden eingehüllt und verschmelzen miteinander, und einen Moment später sind sie nicht mehr zu sehen.

Merlina öffnet die Augen, um nachzuschauen, ob Grandma noch bei ihr ist und stellt mit großer Freude fest, dass auch sie ihre Augen geöffnet hat.

„Es war Zeit, dich von ihnen zu befreien. Du hast sie auf diesen Augenblick sehr gut vorbereitet, den Rest wird die Seelenfamilie übernehmen. Sei so lieb, geh jetzt zu den anderen, ich werde ein bisschen schlafen."

Leise verlässt sie das Kaminzimmer. Im Hinausgehen durchströmen sie intensive Gedanken an Costas und Georgios. Vor ihrem inneren Auge sieht sie das Gesicht des geliebten Mannes und kann seine Gegenwart wie von Ferne spüren. Das ist ein untrügerisches Zeichen

dafür, dass Costas auf dem Weg zu ihr ist. Augenblicklich öffnet sich ihr Herz weit und eine Sehnsucht nach Nähe steigt in ihr auf. Sie überlegt für einen Moment, was sie tun soll, bis sie ihn endlich wiedersieht.
Das Winken von Jakob, den sie durch einen offenen Türspalt im Esszimmer sehen kann, nimmt ihr die Entscheidung ab. Die Vorfreude auf die Begegnung mit Costas lässt ihren Schritt noch leichter und noch beschwingter werden, als sie durch den Flur auf das Esszimmer zusteuert. Doch dann bleibt sie abrupt im Türrahmen stehen.
Im Esszimmer sitzen mehr als ein Dutzend Männer in angeregte, palavernde Gespräche vertieft.
Merlina zögert, ob sie sich dazugesellen möchte. So viel Männlichkeit in einem Raum ist ihr noch nie angenehm gewesen. Sie möchte nicht unhöflich erscheinen, doch sie bleibt zögernd in der Tür stehen.
Jakob nimmt intuitiv wahr, was in ihr vorgeht, lächelt ihr zu und meint, sie solle sich ruhig setzen, denn es seien wirklich akzeptable Männer. Wären sie sonst Freunde von Quiery? Dieser Ausspruch bringt Merlina zum Schmunzeln, und sie setzt sich an Jakobs Seite. Ihr wird klar, dass sie noch einmal eine gute Chance bekommt, Dinge der Vergangenheit aus erster Hand zu hören, denn hier sitzen bestimmt eintausend Jahre männlicher Erfahrung beieinander.
Nicht alle Männer hatten ihr Eintreten überhaupt bemerkt. Am hinteren Ende des Tisches sitzt eine Gruppe, die sich in ihrer Diskussion überhaupt nicht stören lässt.
Mit einem Ohr hört Merlina, dass sie sich über Kriegszustände der alten Zeit unterhalten, und jetzt bedauert sie fast, dass sie so weit von ihnen entfernt sitzt.
Jakob beobachtet sie sehr genau, erkennt ihre Gedanken und überlegt bei sich, wie er es anstellen könnte, Merlina dichter an das Männergrüpppchen heran zu bringen, ohne diese zu stören und vor allem, ohne das Gespräch zu unterbrechen. Mit seiner Mimik, besonders mit seinen Augen, gibt er ihr zu verstehen, dass er ihre Gedanken erraten hat. Dann scheint er eine Lösung gefunden zu haben, denn er bedeutet Merlina, dass sie ihm folgen solle. In der Ecke des Raumes befindet sich eine kleine Sitzgruppe, die nahe genug ist, um das Gespräch verfolgen zu können, und die beiden lassen sich dort nieder ohne zu reden. Dankbar lächelt Merlina in Jakobs Richtung. Der lehnt sich zurück und kreuzt die ausgestreckten Beine.

Mit dem Thema Krieg kann sich Merlina nur noch in den Archiven auseinander setzen. Die Erdbevölkerung hat erreicht, sowohl die internationalen Kriege, als auch den letzten Bürgerkrieg zu beenden und tragfähige Lösungen für die Problematiken aller Beteiligten zu schaffen.
Ein Mann mit einem fehlenden Arm und einer tiefen Narbe im Gesicht erzählt gerade über seine Erfahrung. Als junger Mann war er im Irakkrieg eingesetzt worden. Sein größtes Problem waren die Heckenschützen, er war jung und unerfahren und hatte ständig Angst, in seinem Rücken würde etwas passieren, das er nicht rechtzeitig wahrnehmen könnte und was ihm am Ende dann sein Leben kosten würde.
„Seit dieser Zeit kann ich es nicht mehr ertragen, wenn mich jemand von hinten beobachtet." Er dreht sich zu den beiden um und bringt ein gezwungenes Lächeln über die Lippen.
„Möchtet ihr euch nicht lieber zu uns setzen?" Merlina fühlt sich ertappt und peinlich berührt. Doch ihre Neugier ist größer und sie nimmt das Angebot dankend an.
„Ich habe schon von Grandma gehört, dass du dich auf einen Vortrag für die Feier vorbereitest. Interessiert Dich dieses grauenvolle Thema wirklich?"
„Ja, schon, es ist Teil der Weltgeschichte, auch wenn ich nicht die geringste Vorstellung davon habe, was Menschen dazu veranlasste, sich gegenseitig umzubringen. Ich kann mir beim besten Willen keine Argumente ausdenken, warum sich jemand freiwillig dafür bereit erklärt hat oder wieso sich die Männer - und wie ich gehört habe, in manchen Ländern auch Frauen - dazu haben zwingen lassen."
Der Einarmige schaute sie ein bisschen amüsiert an.
„Ja, ihr in der heutigen Zeit seid davon weit entfernt, das verstehen oder gar nachvollziehen zu können und ihr müsst es auch nicht mehr, das ist ein großer Segen. Ich will versuchen, es dir zu erklären. Es gab viele verschiedene Gründe für Kriege. Zum einen gab es sehr viele Besitztümer, die verteidigt werden wollten, weil so viele arme Menschen, die nichts zu verlieren hatten, auf die Straße gingen und dafür aufstanden, dass die Güter der Welt umverteilt würden. Die damalige Welt war sehr, sehr ungerecht mit all ihrem Privatbesitz und dem Anspruchsdenken Einzelner. Zum anderen war das Bedürfnis der Patriarchen nach Macht, Machterhalt und Machterweiterung ein großes Thema und jahrtausendelang ein Grund für Kriege.

Später kam dann noch der Kampf um die begehrten Bodenschätze hinzu. Nicht zu vergessen sind die Glaubenskämpfe. Viele Kriege wurden aus pseudo-religiöser Ursache entfacht und manche davon über Jahrzehnte am Brodeln erhalten. Immerhin war die Rüstungsindustrie ein gewaltiger Wirtschaftsfaktor. Mit den Gewinnen daraus haben sich einige Wenige ihre Taschen ganz schön vollgestopft. Ich glaube, dass zwischen den wahren Motiven der Mächtigen und den Motiven derer, die an den Fronten kämpften und gestorben sind, große Unterschiede bestanden. Nicht einmal wir Männer wären so dumm gewesen und hätten uns gegenseitig umgebracht, wenn wir geglaubt hätten, dass es dabei nur darum gehen sollte, die Taschen der Rüstungsbonzen vollzustopfen oder den Machtgelüsten einzelner zu dienen. Sein Vaterland zu verteidigen hatte auch etwas mit Ehre, Verpflichtung und Stolz zu tun, jedenfalls haben sie uns das eingeredet.
In ärmeren Ländern war manchmal der Sold der Armee die einzige Möglichkeit, die Familien zu ernähren. Bei den sogenannten Glaubenskriegen haben sie sogar Kinder eingezogen. Die waren nicht selten ungebildet und haben alles geglaubt, was ihnen erzählt wurde. In Afrika haben sie die Jungs zusammengetrieben und einfach verschleppt, ihnen Knüppel, manchmal auch ausgediente Gewehre in die Hände gedrückt und sie skrupellos in erster Frontlinie verheizt.
Wenn ich mich jetzt so darüber reden höre ... jetzt, nach so vielen Jahrzehnten in einem Weltfrieden, kann ich es selber kaum begreifen, was wir da eigentlich gemacht haben.
Nun gut, ich bin jetzt auch schon fast achtzig Jahre, da ist man ohnehin nicht mehr so hitzig. Aber wenn wir damals bereits gewusst hätten, was wir heute wissen und wie man die männlichen Qualitäten kultivieren und zum Wohle aller hätte nutzbar machen können, dann hätten wir uns sicher viel Leid erspart."
Merlina begreift einmal mehr, dass das unkontrollierte, einseitige Männliche Prinzip sehr wild war und dass dessen Übermacht sehr zerstörerisch wirkte. Sie atmet tief durch und denkt an Costas, diesen jungen Mann einer ganz anderen Generation. Seine männlichen Anteile sind stark und konzentriert und im Ausgleich mit seinen weiblichen Teilen bilden sie ein harmonisches Ganzes, kraftvoll und weich zugleich. Ihre Sehnsucht nach seiner Nähe meldet sich stärker in ihr, und das Kribbeln in ihren Zellen verrät, dass er bald hier sein wird. Das ist gut, denn langsam hat sie genug von der Altherrenrunde

hier im Esszimmer, genug von Kriegen und Machtgehabe, genug von Kämpfen und Geldgier... und eigentlich auch genug von der alten, unsäglichen Geschichte der Menschheit. Immer und immer wieder stößt sie darauf, dass das alte System von Macht, von Geld und von Zerstörung geprägt war. Sie hat tiefes Mitgefühl mit den Menschengenerationen vor ihrer Zeit, weil diese ihr Dasein oft mit so unwichtigen und schädlichen Energien vergeuden mussten und kaum Raum hatten, sich mit den wirklich schönen Aspekten des Menschenlebens befassen zu können, ihren Geist zu pflegen und zu befreien und ihre Seele zu stärken.

Merlina schaut zur Tür und sieht in Costas' Augen. Der steht verdutzt da, zieht die Augenbrauen nach oben und schaut sie fragend an.

„Was tust du hier unter all den Veteranen?" Ein Lächeln huscht über seine Lippen und amüsiert fährt er fort: „Kennt deine Neugier gar keine Grenzen?"

„Nein, nicht, wenn ich die Chance habe, direkt mit eintausend Jahren Vergangenheit beisammen zu sitzen." Während sie spricht, steht sie auf und geht ihm entgegen. Sie möchte verhindern, dass jemand auf die Idee kommt, ihn hier festzuhalten und in ein Gespräch zu verwickeln. Costas ist auch bei den Alten sehr beliebt. Als sie dicht vor ihm steht, flüstert er fragend in ihr Ohr: „Was machen die alle hier? So eine geballte Ladung Altertum habe ich schon eine ganze Weile nicht mehr beieinander gesehen."

„Sie sind gekommen, um Grandma zu sehen. Grandma wird bald gehen." Costas nimmt Merlina zärtlich beim Arm und schiebt sie vorsichtig durch die Tür in den Flur. Sie dreht sich noch einmal um und winkt in den Raum hinein, dann schließt sie hinter sich die Tür.

„Weißt du was, mein Liebster? Ich glaube, das war das letzte Gespräch aus der Vergangenheit. Die Erzählungen der alten Männer über die Kriege und ihre Hintergründe haben mich sehr traurig gemacht und ich bin sicher, ich habe jetzt genügend Informationen gesammelt. Ich möchte endlich wieder in unsere Gegenwart zurückkehren und dort auch bleiben.

Der Himmel hat sich mit grauen Wolken bezogen und der Wind stark aufgefrischt. Kein Wetter für einen Spaziergang oder für ein Gespräch am Flussufer, und so haben sich die beiden in Merlinas Wohnraum zurückgezogen. Ein dampfender Tee und frische Vanillekipferl stehen auf einem Tablett, leichte klassische Musik untermalt die Atmosphäre.

Merlina ist gespannt auf Costas' Bericht von der Internetveranstaltung, von der er gerade gekommen ist. Er hat sie gemeinsam mit ein paar Freunden ins Leben gerufen, weil es immer noch Verbesserungsvorschläge in Bezug auf die Verwertung und Gruppierung von Daten und Wissen gibt. Nach dem Umbruch war gerade das Internet sowohl eine große Hilfe, als auch ein unüberschaubares Problem gewesen. Die Datenmenge nahm jeden Tag zu, und niemand besaß mehr einen Überblick. Jeder konnte alles ungeprüft ins Netz stellen, und bei der Suche nach Informationen bekam man auf einen Klick oftmals mehr als eine Million Hinweise zu einem Suchbegriff. Das war absurd.

Zwei Jahrzehnte lang haben die Fachleute daran gearbeitet, ein System zu entwickeln und einzurichten, dass Informationen sinnvoll portioniert, um dem Nutzer überschaubare Mengen und gezielte Antworten bei seiner Suche anzubieten.

Eine andere Gruppe hat aus dem einen Netz mehrere Spartennetze gebildet und die Informationen kategorisiert. Bei dieser Gelegenheit konnten die Vorgaben des Weltältestenrates umgesetzt, und alle menschenverachtenden und schädigenden Informationen eliminiert werden. Das hatte den großen Vorteil, dass auch Kinder uneingeschränkt und vor allem unbeschadet im Netz surfen können, weil alle kriminellen und pornographischen Daten gelöscht wurden. Dazu gehörten auch alle Internet-Spiele, die zerstörerischen Inhalt besaßen.

Gemäß der neuen Denk- und Lebensweise wurde eine internationale Ethikgruppe gebildet, die bis heute ihre Aufgabe erfüllt und ein hohes Ansehen bei der Weltbevölkerung besitzt, weil sie in der Lage ist, einen anerkannten Konsens im Netz umzusetzen, der sich zwischen den Polen von der Freiheit der Gedanken und Meinungen auf der einen Seite, und Zerstörung und Machtanspruch auf der anderen Seite, bewegt.

Costas schaut Merlina in die Augen und spürt, dass dieses Thema im Augenblick nicht wirklich vordergründig ist. Er nimmt sie in die Arme und seine Stimme ist sehr mitfühlend, als er sie fragt: „Wie geht es dir mit Grandmas Abschied?"
Darauf ist Merlina nicht eingestellt, sie hoffte, sich mit dem sachbezogenen Thema des Internets noch ein wenig von ihren Gefühlen ablenken zu können. Sie weiß, dass sie den Abschied gerne noch hinausschieben möchte, und sie weiß aber auch, dass ihr nicht mehr viel Zeit bleibt.
„Ach, Costas, ich würde es so gerne verdrängen. Ich kann mir nicht wirklich vorstellen, ohne Grandma zu sein. Es erscheint mir viel zu früh. Ich brauche sie doch noch, und ich habe mich immer damit getröstet, dass sie noch so fit ist und auch immer noch so aktiv. Ich will nicht einsehen, dass ihr Abschied gekommen ist. Ich hatte gehofft, noch ein paar Jahre mit ihr verbringen zu dürfen. Sie sagt, dass jetzt alles erreicht ist und dass sie sieht, dass unsere Generation eine neue Entwicklungsstufe erreichen wird. Sie will uns von der Position hinter dem Vorhang dabei zur Seite stehen. Ich wünsche mir so sehr, sie würde noch nicht gehen."
In Merlinas Kopf überschlagen sich die Gedanken, und sie lässt es zu, dass ihr Verstand die Oberhand behält. Ihre Gefühle sind im Augenblick zu schmerzhaft.
„Es ist für mich immer noch ein kleiner Unterschied zwischen meinem Verständnis von Spiritualität im allgemeinen und der ganz konkreten Situationen mit meiner Großmutter. Ich verliere zum ersten Mal in meinem Leben einen Menschen, der so nicht wiederkommen wird. Abschied nehmen habe ich gelernt, aber das war immer für eine begrenzte Zeit, und die Freude auf das Wiedersehen hat das Warten versüßt. Aber diesmal ..."
Merlina kuschelt sich noch dichter an Costas. Hier bei ihm fühlt sie sich besonders geborgen und von seiner Liebe eingehüllt. Aber gut, wenn es jetzt sein soll, dann will sie sich dem Thema stellen. Costas spürt, dass sich die Anspannung in Merlina zu lösen scheint und ihre Muskulatur weicher wird. Er weiß, dass im Augenblick nichts weiter zu sagen ist und gibt ihr den Raum, den sie braucht, um für sich die Dinge im Innern zu klären. Er stellt ihr einen energetischen Schutzraum dafür zur Verfügung, und Merlina nimmt ihn an und taucht darin ein. Ganz langsam wagt sie es, das ganze Ausmaß ihrer Gefühle zuzulassen.

Sie hat gelernt, dass nicht alle Gefühle ausschließlich zu ihr gehören und so beginnt sie damit, die Stimmen in sich zu sondieren. Da ist das kleine Mädchen in ihr, das sie einmal war und das seinen kindlichen Anspruch anmeldet, ein Recht auf eine Großmutter zu haben. Liebevoll wendet sie sich dieser Mädchenstimme zu und gibt ihr zu verstehen, dass sie sich einfühlen kann und dass diese ein Recht darauf hat, traurig zu sein. Bei diesen Gedanken steigt sofort die angesprochene Traurigkeit in ihr auf und füllt sie komplett aus. Für einen Moment ist alles in ihr unendlich traurig, und Merlina lässt dies zu. Aufgefangen in Costas' Armen kann sie sich diesem Gefühl hingeben und es aushalten. Sie denkt nichts - sie spürt nur und möchte an diesem Zustand auch nichts ändern. Sie will abwarten, wie es nun weitergehen wird. Die Traurigkeit macht sich noch breiter, so als wolle sie in ihrer ganzes Ausdehnung Besitz von Merlina ergreifen. Und Merlina lässt auch dies zu, hält es aus, wehrt nichts ab. Keine Stimme in ihr ist zu vernehmen. Keine andere Stimme meldet sich zu Wort. Nicht einmal der Trost wagt sich nach vorne. Alles ist still in ihr - nur die Traurigkeit hat von Merlina Besitz ergriffen.

Nach einer Weile taucht eine Art Beobachterin in ihr auf und beginnt mit der Traurigkeit einen Dialog.

‚Wie geht es dir jetzt?'

‚Es tut gut, sich einmal ganz ausbreiten zu können, ohne sofort von jemand anderem weggeschickt zu werden. Ich habe mich fast ein bisschen demonstrativ ausgebreitet und dachte, irgend jemand wird sich schon gegen mich wehren, aber das geschah nicht. Das ist ganz wunderbar für mich, wenn ich mich einfach so ausbreiten kann. Wenn ich wahrgenommen werde und wenn ich einfach sein darf.'

‚Und nun?'

‚Es mag vielleicht etwas komisch klingen, aber nun ist es gut! Denn das war es eigentlich, was ich mir gewünscht habe: einfach nur da sein dürfen und zwar in meiner ganzen Intensität. Und nun kann ich gehen und fühle mich auch noch sehr gut dabei.'

‚Glaubst du, ich könnte noch etwas für dich tun?'

‚Vielleicht ja? Ich habe gar keine Ahnung, wohin ich nun gehen soll. Woher bin ich denn eigentlich gekommen und wohin soll ich nun gehen?'

‚Meiner Meinung nach bist du als Gefühl aus dem Herzen gekommen und aus meiner Sicht wäre es gut, wenn du dahin auch zurückkehren

würdest. Dort bist du aufgehoben, gewertschätzt und angenommen. Wir können Merlina gemeinsam darum bitten, ihr Herz weit zu öffnen, damit du dich willkommen fühlen kannst."
Im selben Augenblick weitet sich Merlinas Herz und eine zufriedene Traurigkeit erfüllt sie. Kaum, dass sie es nachspüren kann, meldet sich bereits eine andere Stimme, die ihr sehr fremd vorkommt. Zu dieser aufbegehrenden Stimme sieht sie vor ihrem inneren Auge eine Figur, die große Ähnlichkeit mit der Silhouette ihrer Mutter hat.
Merlina schmunzelt in sich hinein und nimmt sofort wahr, dass dies offensichtlich eine „Erbengemeinschaft" ist. Ein altes Gefühl der Familie ihrer Mutter, das sie mitbekommen hat, das aber mit ihr und ihrem Leben nur indirekt etwas zu tun hat. Dennoch ist sie sehr respektvoll damit, und auch das Schmunzeln ist nicht abwertend gemeint. Es dokumentiert lediglich, dass sie sich darüber freut, es sofort erkannt zu haben. Das macht sie ein bisschen stolz auf sich selber, denn diese Art der Gemeinschaftsgefühle braucht eine andere Art des Umgangs. Wenn dies nicht berücksichtigt wird, kann es leicht zu Verwechslungen kommen, die zu Blockaden und Widerständen führen und eine harmonische Auflösung verhindern. So wendet sie sich wieder dieser Stimme zu und fordert sie auf, ihr zu erzählen, worum es geht.
„Ja also, ich bin ein bisschen verwirrt, weil du sofort erkannt hast, dass ich eigentlich nicht nur zu dir gehöre. Die anderen Generationen vor dir haben mich für meinen Geschmack aber noch nicht gebührend zur Kenntnis genommen. Deshalb schleiche ich mich von Generation zu Generation und hoffe immer, dass ich endlich adäquat wahrgenommen werde und meinen Platz finden kann. Ich bin sehr eng mit dem Thema Ablehnung verbunden. Deine Mutter, ja selbst deine Großmutter haben immer einfach so getan, als würde es ihnen nichts ausmachen, wenn ich aufgetaucht bin. Sie haben mich verleugnet ... und glaube mir, in ihren Zeiten hatte ich alle Hände voll zu tun. Aber sie wollten sich nicht mit mir abgeben oder wie sie es nannten: sich nicht mit mir aufhalten. Ich bin einem höheren Ziel zum Opfer gefallen. Aber sie können doch nicht einfach so tun, als wäre ich nicht vorhanden. Solange ich meinen angemessenen Platz nicht finde, muss ich von Generation zu Generation kriechen, immer in der Hoffnung, dass ich irgendwann ernst genommen werde. Du bist die Erste in einer langen Reihe, die mich wahrnimmt und mich nicht verdrängt."

‚Das ist nicht schwer für mich, denn ich habe in meinem Leben noch keine Ablehnung erfahren. Ich bin die dritte Generation seit der Wiedereinführung des Weiblichen Prinzips und fühle mich sehr begnadet, weil ich die Früchte ernten darf, die die Generationen vor mir gepflanzt haben. Es ist leicht für mich, zu erkennen, dass du in eine andere Zeit gehörst, und es ist genauso nachvollziehbar für mich, dass du früher bei den Frauen allgegenwärtig warst und nicht gerne wahrgenommen wurdest. Was kann ich jetzt für dich tun?'
‚Ich sagte ja bereits, dass ich einigermaßen verwirrt bin. Ich glaube, du musst gar nicht mehr tun, als du bereits gerade getan hast, denn alleine, dass du mich wahrgenommen hast und dass du mir in deinen Worten und in deinem Gefühl so großes Verständnis entgegenbringst, beendet die Zeit der Verdrängung, durchbricht den Kreislauf und lässt mich Ruhe finden. Ich frage mich, ob ich bei dir bleiben kann und darf?'
‚Ja, du darfst, denn ich habe dich von Anfang an als einen Gast gesehen und biete dir den Platz an, den alle Gefühle, wenn sie einmal gelebt worden sind, von mir bekommen. Ich lade dich ein, neben allen anderen Gefühlen in meinem Herzen zu verweilen. Du kannst jederzeit wieder zum Vorschein kommen, wenn du glaubst, noch etwas zu vermissen.'
Mit diesen Worten öffnet sich Merlinas Herz ein weiteres Mal und auch das Gefühl der Ablehnung kann in ihrem Herzen Einzug halten.
Merlina liegt regungslos in Costas' Armen. Seine Körperwärme und Nähe geben ihr Schutz. Die innere Intensität gelangt nicht nach außen und auch die Anstrengung ist für Costas nur zu erahnen, weil er selbst solche Prozesse durchlebt hat. Die Männer seiner Generation sind stärker als je zuvor, weil sie auch die weiblichen Anteile in sich zu leben gelernt haben und weil sie dies der Vollkommenheit als Mensch in seiner Ganzheit näher gebracht hat. Costas liebt seine weiblichen Anteile an sich ebenso sehr, wie er die weiblichen Anteile an Merlina liebt. Und genauso ergeht es ihm mit den männlichen Anteilen in Merlina - diese liebt er ebenso wie die seinen. Die Frauengenerationen vor Merlina hatten noch damit zu tun, ihre weiblichen Anteile zu entdecken, anzunehmen und in Vollendung zu leben. Erst diese gegenwärtige, junge Frauengeneration kann sich wieder auf eine Ausgewogenheit konzentrieren, da sich das Pendel im mittleren Bereich eingeschwungen hat. Costas spürt, dass Merlina

offensichtlich ihren inneren Prozess abgeschlossen hat, denn sie ist in einen tiefen Schlaf gesunken.
Langsam öffnet Merlina die Augen. Ihr Puls geht schneller und sie fühlt sich angestrengt und verschwitzt. Sie liegt immer noch in Costas' Armen und auch er scheint eingeschlafen zu sein. Das gibt ihr die Zeit, vorsichtig aus einem schrecklichen Traumerleben zurückzukehren. Sie schließt die Augen und hofft, nicht wieder in das Schreckensszenario eintauchen zu müssen, denn dahin möchte sie nicht zurück. Ihr wird klar, dass der Traum eine Reaktion auf die Erzählungen der Männer in der Mittagspause war. Sie hat von Kriegen geträumt, die aus angeblich religiösen Gründen geführt wurden und die schreckliche Gräueltaten zur Folge hatten.
Wenn Costas wieder wach ist, möchte sie ihm unbedingt erzählen, dass sie die Unterdrückung, die Leiden und die Zweifel der Menschen in ihrem Traum gefühlt hat. Sie möchte ihm ihr Entsetzen darüber schildern, dass Völker ausgerottet wurden und deren Wissen für immer vernichtet wurde. Der Traum zeigt ihr, dass es noch ein bisschen Zeit braucht, bis sie wieder völlig in ihre Gegenwart eintauchen kann. Zu bewegend sind die Erfahrungen, Gefühle und Bilder der alten Welt. Sie ist dankbar, dass sie in einer anderen Zeit lebt. Die Religionen haben eine große Veränderung durchgemacht. Gleich nach dem Umsturz haben sich weibliche Geisteswissenschaftlerinnen aller Religionen daran gemacht, ihre alten Schriften mit den Übersetzungen zu vergleichen und herauszufinden, ob in den göttlichen Niederschriften die Unterdrückung der Frauen tatsächlich vorgesehen war. Wie sie erwarteten, war dem nicht so. Die Wissenschaftlerinnen erstellten neue Werke, die den neuen Einstellungen und Werten entsprachen, rückten das Frauenbild zurecht und schafften Macht und Unterdrückung darin ab.
Merlina weiß, dass es bis heute Männer gibt, die diese Neufassungen nicht akzeptieren und nach den alten Schriften leben, was niemanden kümmert, weil sie keine Macht mehr über die Frauen besitzen. So können sie in ihrer altertümlichen Gedankenwelt weiterleben, ohne Schaden anzurichten. Ein zweiter wesentlicher Aspekt dieser Geisteswissenschaftlerinnen war es, die Gemeinsamkeiten der unterschiedlichen Glaubensrichtungen herauszufinden und sie zu einer neuen und für alle Religionen akzeptablen Neufassung zusammenzufügen.
Die nachfolgenden Generationen haben diese neuen Schriften

anerkannt, sie sind wichtige Hilfen in Krisensituationen und Wegweiser bei Weichenstellungen.

Für Merlina ist es normal, dass Muslime, Buddhisten, Hindus, Christen oder Juden friedlich als Nachbarn miteinander leben und sich gegenseitig bereichern. Es gibt ein paar neue Strömungen, die sich nicht auf Gottheiten berufen, sondern sich der Quantentheorie bedienen. Auch ganz alte Bräuche und Sitten wurden wieder eingeführt. Es gibt wieder keltische Rituale. Frauen nennen sich wieder Hexen und sind stolz darauf, weil sie gleiches Ansehen genießen, wie alle anderen; selbst Atheisten glauben an ihre eigene Theorie und sind keine Minderheit mehr.

Missionieren ist zu einem Wort der Vergangenheit geworden. Jeder Mensch wählt heute völlig frei, zu welcher Gemeinschaft er gehören möchte und braucht nicht zu befürchten, dass seine Richtung von irgend einem anderen kritisiert wird. Die Menschen in Merlinas Zeit haben gelernt, dass die vielen Namen, die sie in all den Jahrtausenden ihren Göttern gegeben haben, immer nur einen Aspekt der göttlichen Schöpfung benennen. Sie haben gelernt, dass die allumfassende Schöpfung keinen Namen hat, eben weil sie allumfassend ist und jeder Name nur einen Teilaspekt davon benennen kann. Noch wichtiger ist es für Merlina, dass die Menschen auch gelernt haben, dass sie Teil dieser allumfassenden Schöpfung sind. Sie alle sind ein Teil davon und alles zusammen ergibt die Schöpfung. Für ihre Generation gibt es keine Trennung mehr, weil alle wissen, dass sie auf dem kleinsten Nenner dieser Schöpfung alle miteinander untrennbar verbunden sind.

Inzwischen ist auch Costas wieder aufgewacht und haucht ihr zärtlich einen Kuss auf die Lippen. Sie zieht ihn fester an sich und dann verlieren sich ihre Körperkonturen und verschmelzen.

Mit dem Gespräch über die Traumerfahrung sind beide noch einmal tief in das Thema Spiritualität eingetaucht, und Costas erinnert sich daran, dass sein Vater ihm von einem Film der alten Zeit erzählt hat, der als einer der ersten für die spirituellen Veränderungen stand.

Sein Vater hat ihn aus dem Archiv geholt und so konnten die beiden Männer darin tatsächlich die Anfänge der heutigen Entwicklung erkennen. „Bleep - down the rabbit whole" der Titel und was damals noch Kritik auf den Plan rief, ist heute anerkanntes Geschehen.

Der Wandel vom Konzept des Überflusses zum Konzept des Wohlbefindens erforderte eine kulturelle Revolution, die die Menschen zurück zu sich selbst und zu einem erweiterten spirituellen Bewusstsein führte. Dieses erweiterte Bewusstsein hat es ihnen ermöglicht, wieder zurück zum Wesentlichen zu gelangen. Ihr Alltag wird nicht mehr davon bestimmt, so viel wie möglich zu haben oder zu leisten. Die Menschen leben jetzt dafür, ein beitragendes Mitglied ihrer Gemeinschaft zu sein. Sie schauen darauf, wie sie sind, welche Gefühle sie leiten und wie sie mit ihrer Umwelt umgehen. Sich wieder als Teil des Ganzen zu erleben, die Verbundenheit mit anderen Menschen, Tieren oder Pflanzen wahrzunehmen, macht sie glücklich und stellt an sich einen unschätzbaren Wert dar. Eingeordnet in ein natürliches System - und nicht mehr ausserhalb stehend - erleben sich die Menschen als wichtiges und verantwortungsvolles Rädchen in einem unglaublich perfekten Getriebe. Ihren Intellekt und Verstand nutzen die Menschen zum Wohle dieses perfekt aufeinander abgestimmten Gefüges.

Die Menschen haben begriffen, dass sie auf diesem Planeten leben, um ihm zu dienen, denn er ist ihre Heimat - die einzige, die sie haben. All ihr Wissen, die Forschung, Technik und Möglichkeiten benutzen sie, um ihn zu stabilisieren und zu bereichern. Die Menschen haben die Entwicklung von der Masse zur Qualität geschafft und dabei eine noch nie dagewesene Gerechtigkeit und Freiheit für alle Menschen auf dem gesamten Globus geschaffen. Die Menschen sind über ihre niederen Beweggründe hinweggekommen und haben ein ethisches Bewusstsein erlangt, das ihrer Intelligenz zur Ehre gereicht. Dabei kommt es nicht so sehr darauf an, woran die Menschen heute glauben und wie sie sich ihre Welt erklären. Entscheidender ist die grundsätzliche Veränderung der Denkweise hin zu einem ethischen Miteinander.

Auf der Suche nach Erklärungen für die großen Fragen der Menschheit und ihrer Entstehungsgeschichte hat sich die heutige Generation ein ganzes Stück weiterentwickelt. Die Antworten auf die Fragen woher kommen wir und wohin gehen wir wieder und was ist unsere Aufgabe in der Zwischenzeit bekamen eine neue Qualität. Viele Menschen sind in der Lage, hinter den sogenannten Vorhang in die „Nichtalltägliche Wirklichkeit" zu schauen. Das Wassermann-Zeitalter hat die Energien verändert, hat sie verdichtet und Möglichkeiten erschaffen, die für frühere Generationen undenkbar waren. Die Verbreitung des großen kosmischen Geheimnisses, das lange vergraben lag, hat die Menschen befähigt, wahrhaft schöpferisch zu denken und zu agieren.

Die Generation von Merlina und Costas lernte zu begreifen, dass es nicht den einen einzigen Gott gibt, der irgendwo - vielleicht sogar noch in menschenähnlicher Gestalt, zu finden ist - sondern dass das ganze Universum eine einzige Göttlichkeit ist.

Jeder Mensch, jedes Tier, jede Pflanze, jeder Tautropfen, alles ist reine Göttlichkeit, die keine Rangordnung kennt. Mehr wert - weniger wert - richtig - falsch - gut oder schlecht sind Worte des menschlichen Gehirns, die das Universum nicht kennt.

Das Universum lebt schon von Anbeginn nach seinen eigenen Gesetzen, die die Menschen versuchen herauszufinden, deren Wirkung aber niemals davon abhängt, ob ein Mensch daran glaubt oder nicht.

Eines dieser kosmischen Gesetze ist das Gesetz der Anziehung - der Manifestation durch unsere Absichten und Einstellungen. Es hat lange gebraucht, bis die Menschen an dieses Gesetz glauben wollten, weil es für viele sehr unbequem und beängstigend erschien. Anzunehmen, dass Überzeugungen eine solche Kraft besitzen könnten, macht automatisch verantwortlich für die eigenen Werte und die Gedankenwelt und für das, was in der Folge die Menschen in ihrem Leben vorfinden. Die früheren Generationen hatten einen Hang dazu, andere Menschen oder Umstände für schuldig zu erklären, wenn etwas nicht so lief, wie sie es sich gewünscht oder gedacht hatten. Dass sie nun selber dafür verantwortlich sein sollten, war eine schwer zu schluckende Aussage.

Dies kam auch oder vielleicht sogar besonders im Bereich der Krankheiten zum Tragen. Bis die Menschen zulassen konnten, dass Krankheiten den Ursprung in ihrem eigenen Denken hatten, erforderte es mehr als zwei Jahrzehnte des Umdenkens. Sehr lange glaubten die Menschen, dass die Gene ihr Geschick bestimmten. Eine aufwendige und kostspielige Genforschung sollte herausfinden, wie die Schaltzentrale funktionierte, um mittels der Gene die Macht über die Menschen zu erlangen. Bruce Lipton, ein US Professor für Zellbiologie, entdeckte als einer der ersten, dass nicht die Gene die Geschicke der Menschen lenken, sondern dass es die Peptide sind, die Signale von außen aufnehmen und eine Bewegung in Gang setzen, die unser Sein lenken. Diese Signale kommen aus unserem Umfeld und was noch viel wichtiger erscheint, die Signale entstehen durch die Art unserer Bewertung des Umfeldes. Die tiefen inneren Überzeugungen und die damit verbundenen Gefühle lassen im Menschen ein Bewertungssystem entstehen. Mit diesem Bewertungssystem steuern wir die inneren Prozesse unseres Denkens und somit unser äußeres Handeln. Er bewies, dass die Gene für die Reproduktion von Zellen zuständig sind, nicht aber die Schaltzentrale darstellen. Seine Forschung zeigte, dass es die Peptide sind, die auf unsere Überzeugungen und inneren Einstellungen reagieren und diese als Signale verwerten. Somit war klar, dass unsere Gedanken und Gefühle unsere Umwelt erschaffen und wir genau das im Leben bekommen, was unser Wertesystem vorgibt. Die ersten Stadien dieses neuen Wissens brachten einige kuriose Vorstellungen hervor, etwa dass Menschen sich die Erfüllung ihrer Wünsche im Universum bestellen könnten oder dass positives Denken alleine ausreichen würde, um eine Veränderung herbeizuführen. Es stellte sich heraus, dass es die Kraft der Liebe und die Stimme des Herzens waren, die die Menschen in die Lage versetzten, willentlich ihr Schicksal zu bestimmen. Dabei spielt auch das Gesetz der Anziehung eine große Rolle, weil es ungeahnte Möglichkeiten eröffnet. Die gefühlten Gedanken wirken wie Magnete und ziehen Gleiches an. Gefühlte Gedanken sind Frequenzen, die ausgesandt werden und ihresgleichen im Universum suchen. Sind diese dann eine Verbindung eingegangen, kehren sie zu uns in ihrer Verstärkung zurück. So ist der Mensch in der Lage, durch seine magnethaft wirkenden Gefühle das zu erschaffen, was er fühlt und denkt.

Die neue Generation hat gelernt, eine Klarheit im Geiste zu erzeugen und sie zu erhalten, um sie für dieses Gesetz zu nutzen. Von Kindesbeinen an werden die Kleinen geschult, sich auf das zu konzentrieren, was sie möchten und nicht mehr an das zu denken, was sie nicht möchten. Das Gesetz der Anziehung ist ein Gesetz der Schöpfung und diese findet immer statt. Es sind die Frequenzen unserer Gefühle, die wirken - und sie wirken immer, gerade weil das Universum nicht bewertet. Und so haben die Menschen gelernt, das Gesetz zum Wohle zu nutzen und sind zu ihren eigenen Meisterwerken des Lebens geworden. Das hat sie befähigt, die tiefste Sehnsucht in sich zu stillen: die Sehnsucht nach einer heilen, einer geheilten Welt, in der alle Lebewesen in Frieden und Verbundenheit miteinander leben können.

Der Reifestand der Menschen ist auf einem großartigen Niveau angelangt, das getragen wird vom Beitrag an das Gemeinwohl.

Diese neue Generation befindet sich in einem ständigen Kontakt mit sich selber, mit ihren Gefühlen und Gedanken und dem Bewusstsein, für die Zustände eigenverantwortlich zu sein. Die jetzt lebende Generation begrüßt diesen Umstand, denn er ist ihre größte Chance für die Umsetzung ihrer Wünsche und alle wissen zweifelsfrei, dass es eine Wechselwirkung in diesem Gesetz gibt und achten darauf, wovon sie sich angezogen fühlen. Sie reagieren auf und mit den Impulsen, die ihnen begegnen, weil sie wissen, dass diese Wechselwirkung ihnen den eigenen Weg zeigt und sie der Erfüllung ihrer Lebensaufgabe näherbringt.

Heute geht es schon lange nicht mehr um kleingeistige, private Wünsche, um haben-wollen oder nehmen-können. Alle werden getragen von der Möglichkeit, schöpferisch zu sein und weitere geistige Entwicklungsstufen zu erlangen - sie tragen das bewusste Gefühl der Göttlichkeit in jeder ihrer Zellen. Die Menschen glauben daran, dass es einen höheren Plan für das Ganze gibt, dass alles, was sie tun, einen Sinn ergibt. Und sie nutzen die Naturgesetze, um die Umstände herbeizuführen, die sie auf dem Weg zu diesem übergeordneten Plan voranbringen. Sie wissen auch, dass es auf jeder nächsten Stufe eine weitere Antwort auf ihre Fragen nach dem höheren Plan geben wird.

Merlina fühlt das intensive Glück in sich und schaut mit strahlenden Augen in die Welt. In Costas' Augen kann sie den Widerhall erkennen - sie sind eine glückliche Generation.

„Es ist schön, mit dir zu sein. Ich freue mich auf unser gemeinsames Leben. Auf jede gemeinsame Minute, jeden gemeinsamen Tag und ich danke dem Universum für das Geschenk unserer Beziehung.

Großmutter hat sich zurückgezogen. Die Tage der Verabschiedung sind nun vorbei. Sie möchte morgen noch eimal mit mir reden. Ich bin sehr froh, dass ich diesem letzten Gespräch mit ihr nun mit klarem Geist und liebevollen Gefühlen begegnen kann.
Dann sind es noch zwei Tage bis zur Fünfzigjahrfeier. Ich werde sie nutzen und meinen Vortrag zusammenfassen."

Die Luft riecht zart nach verbranntem Salbei und bewirkt eine Klarheit des Geistes. Die Kerze auf Grandmas Altar ist angezündet, der Docht steht aufrecht und lässt eine Flamme ohne jegliches Flackern entstehen. Es ist warm, gemütlich und auf eine gewisse Art voller Lebendigkeit, obwohl der Tod sich nähert. Für Merlina ist dies eine völlig neue Situation. Sie ist unsicher und fragt sich, ob es für einen solchen Moment bestimmte Regeln gibt, die sie noch nicht kennt.
Die beiden Frauen sitzen sich gegenüber, Großmutter in ihrem alten Ohrensessel und Merlina wieder an die alte Kommode gelehnt, wie schon vor Wochen, bei ihrem letzten, langen Gespräch. Doch heute ist alles anders. Die Stimmung ist feierlicher, sie hat etwas Großes, etwas Verzaubertes, etwas sehr Klares und doch wieder etwas Unwirkliches.
Grandma Quierys Ausstrahlung hat sich verändert. Ihre Vitalität hat sich in eine Gelassenheit gewandelt. Diese Gelassenheit ist von einer absoluten Präsenz und Klarheit und von einer Ruhe, wie Merlina sie noch nie erlebt hat.
„Ich gehe nun bald. Sie haben mir noch diesen einen Tag gegeben, den ich mit dir und deiner Mutter verbringen möchte. Ihr seid mir die nahesten und die wichtigsten Menschen, und es ist mein jetzt noch einziger Wunsch, in eurer Nähe zu sein, bevor ich hinübergehe und den Vorhang hinter mir lasse."
Grandmas Stimme ist ganz klar und hat einen sehr weichen Klang. Anders als sonst erscheint sie Merlina im Ohr. Es fehlen die Zwischentöne, es fehlen jegliche Nuancen von Skepsis oder Ironie, von Schalk und Spitzfindigkeit, die Grandmas Aussagen sonst begleiteten und sie so lebendig machten. Die Stimme ist nur noch klar und

wohlklingend, fast wie aus einer anderen Sphäre.

„Meine Liebste, ich möchte die Atmosphäre nicht noch feierlicher machen, als sie ohnehin bereits ist. Mein Leben war ein solcher Genuss für mich, auch wenn nicht immer alles einfach war. Wenn ich dich anschaue, wird mir deutlich, wie erfolgreich es war. Du bist die Personifizierung all dessen, was wir erreicht haben. Du bist der höchste Lohn für alle Mühen. Du bist der Beweis, dass alles seine Richtigkeit hatte und alles so kommen musste, wie es kam.

Ich habe dir noch eine Mitteilung aus der Welt hinter dem Vorhang zu machen, bevor ich gehe. Du bist ausgewählt, deine Generation in wenigen Jahren in eine noch höhere Dimension zu führen. Es wird deine Lebensaufgabe sein, Seherin zu werden, der die einzelnen Schritte zur rechten Zeit aufgezeigt werden, und du wirst die Anleitung erhalten, wie sie zu gehen sind."

Jetzt hat Grandmas Stimme etwas Himmlisches und Merlina kommt es so vor, als spräche etwas Engelhaftes durch sie.

„Merlina, meine Liebe, ich hatte das große Glück, in einer der aufregendsten Zeiten der Menschheit zu leben. Wir standen an einem Abgrund und hatten zwei Möglichkeiten. Wir hätten weiter vorwärts gehen können und wären untergegangen, doch wir sind umgekehrt und haben die uns gerettet. Das war meine Bestimmung.

In den letzten fünfzig Jahren haben wir es geschafft, das Pendel zu lösen, kräftig ausschwingen zu lassen und nun ist die Zeit gekommen, in der es sich ausgewogen im Mittelbereich einpendeln wird.

In einem vielleicht niemals zuvor gekannten Ausmaß hat die Menschheit gelernt, wie wichtig ein komplementäres Zusammenspiel von Weiblichem und Männlichem Prinzip ist und dass ein Fortbestand der Menschen nur gewährleistet ist, wenn jeder an seinem Platz seine Aufgabe erfüllt.

Wir haben den Planeten reinigen können und von seinen Schäden erlöst. Wir haben Wasser wieder zu einem heiligen Moment gemacht, denn daraus sind wir gekommen und daraus bestehen wir. Wir haben es zu einer heiligen Aufgabe erklärt, es rein zu halten und für jedermann zugänglich zu machen. Die Menschen sind wieder eins geworden mit dem Fluss des Lebens, lassen sich in tiefem Vertrauen davon tragen, weil jede einzelne Zelle ihres Seins wieder die Verbindung mit ALLEM ANDEREN WAS IST, spürt. Diese Einheit, von der wir getrennt waren, ist wiederhergestellt. Der lange Weg der Menschen in diesem Prozess war notwendig, denn um Einheit bewusst zu erfahren, ist es wichtig, zu wissen, wie sich getrennt sein anfühlt. Du kennst mein unerschütterliches Vertrauen in die Richtigkeit von allem, was sich zeigt und meine dazugehörige Einstellung, dass es für alles im Universum eine Qualität der Zeit gibt. Das Wichtigste von allem aber ist, dass die Frauen zu ihrer Wahrheit zurückgefunden haben und das Weibliche Prinzip für sich wiederentdeckten. Dieses Bewusstsein ermöglichte ihnen, die Verantwortung für ihre Position erneut zu übernehmen. Es ist der Wille der Schöpfung, dass Frauen mit ihrem göttlichen Anteil für den Fortbestand der Menschheit stehen. Ihnen wurde das Privileg zuteil, neues Leben zu schenken, es zu nähren und zu erhalten. Ihr zyklisches Denken und die damit verbundene Liebe zur Natur gibt ihnen die Weisheit und die Fähigkeiten, diesen Planeten im Zusammenspiel mit dem Männlichen Prinzip zu regieren. Weibliche Solidarität ist wieder zum Garant für eine lebbare Gerechtigkeit und für das Wohl der gesamten Erdengemeinschaft geworden.

Die Entwicklung des großen Ganzen forderte, dass über Jahrtausende das Weibliche Prinzip verdrängt und abgewertet wurde, bis die Zeit reif war, es wieder ins Bewusstsein der Menschen zu bringen. Erst die deutlich gewordene Überforderung der alleinigen Ausrichtung auf das Männliche Prinzip erlaubte eine Umkehr, weil spürbar wurde, dass ein Prinzip alleine niemals fruchtbar wirken kann. Das Prinzip des linearen Denkens mit seiner Konzentration und Zielgerichtetheit auf eine Sache, bedarf der Vielseitigkeit des Weiblichen Prinzips, um zu einer größeren Entfaltung zu gelangen. In den vergangenen fünfzig Jahren haben die Menschen gelernt, dass es um einen komplementären Umgang miteinander geht und um eine Ausgewogenheit, die die jeweiligen Fähigkeiten nicht mehr bewertet oder gegeneinander ausspielt. Die Zeit schien reif, zu lernen, dass Männer und Frauen grundverschieden sind und es nicht um die Annäherung ihrer jeweiligen großartigen Eigenschaften geht, sondern um das Zusammenwirken ihrer Andersartigkeit. Es geht um eine realistische Arbeitsteilung, die den Fähigkeiten entspricht und nicht um Wunschvorstellungen, die gegen diese Prinzipien gerichtet sind."

Merlina hat ihrer Großmutter aufmerksam zugehört, hat jedes Wort aufgesogen, denn sie weiß, dass dies die letzten Worte sind, die sie mit ihrer Grandma Quiery wechseln wird. Doch ihr selber fällt gar nichts mehr ein. Sie sitzt da und schaut sie nur an. Sie ist sich bewusst, dass Grandma jetzt bald gehen wird. Sie steht langsam auf und geht auf Grandma zu, umschließt sie mit ihren Armen und spürt ein letztes Mal diese intensive Energie. Sie möchte gerade jetzt die Zeit anhalten, möchte sich diese letzte Umarmung ganz fest einprägen, damit sie nie in ihr verblassen möge. Noch einmal verschmelzen ihre Energien zu der einen großen und dann flüstert ihr Grandma etwas ins Ohr.

Der Festsaal ist bis auf den letzten Platz besetzt. Merlina steht am Rednerpult. Nach ihrem letzten imaginären Punkt entsteht eine kleine Pause und dann bricht der Applaus los. Die Anwesenden zeigen ihr Einverständnis mit Merlinas Worten, indem sie sich von ihren Stühlen erheben und ihr stehende Ovationen zollen.
Sie hatte die letzten zwei Tage damit verbracht, an ihrem Vortrag zu arbeiten, zu feilen und immer wieder neu zu formulieren. Und als sie dann vorhin am Rednerpult stand, merkte sie bereits nach den ersten Sätzen, dass sie ihr Konzept nicht brauchte. Sie legte es beiseite und erzählte einfach, wie es ihr in den letzten Tagen und Wochen ergangen war. Sie weinte, während sie sprach und sie lachte und ließ während der ganzen Zeit keines ihrer Gefühle aus. Alle im Saal erlebten noch einmal miteinander, was diese 50-Jahr-Feier wirklich bedeutet. Merlina ist hin- und hergerissen zwischen dem Gefühl des Glücks und der Verlegenheit, hier im Mittelpunkt zu stehen. Langsam hebt sie ihren Arm, um der Menge anzudeuten, dass sie noch nicht ganz fertig sei.
„Ich danke euch für die Zustimmung und dafür, dass ihr mit mir diese Energien geteilt habt. Aber ich bin noch nicht ganz am Ende. Ich möchte diesen Vortrag mit den letzten Worten meiner Großmutter an mich beenden. Sie gab mir folgendes für euch mit:

Die Erde ist nur eine Kirsche im Cocktailglas.
Wir sind noch lange nicht am Ende -
es gibt noch so viel mehr ...
Vor der Erneuerung dachten die Menschen,
die Kirsche sei der Mittelpunkt des Universums.
Jetzt hat die Menschheit eine größere Bewusstheit erlangt
und erkennt,
dass der Cocktail und das Glas auch noch dazugehören,
in einem noch undefinierbaren Raum,
in dem das alles geschieht.
Bleibt wach,
bleibt neugierig
und genießt es,
dass das Leben Veränderung ist.
Haltet nicht an euren Errungenschaften fest,
so großartig sie euch auch erscheinen mögen!
Haltet von Zeit zu Zeit an
und überprüft,
ob ihr noch auf dem richten Weg seid!

Autorin: Inaqiawa

Jahrgang 1954, lebt in Otterstedt bei Bremen, arbeitet als Autorin und Schamanische Heilerin. Sie hat es sich zur Lebensaufgabe gemacht, der Rückkehr des Weiblichen Prinzips in unserer Gesellschaft Raum und Bewusstheit zu geben. Ihr schamanischer Name steht für ERNEUERUNG, was sicherlich kein Zufall ist. Mit diesem Buch, was Sie nun in den Händen halten hat Inaqiawa ihre Gedanken und Gefühle zum Weiblichen Prinzip in eine wunderbare Geschichte gewoben.

Inaqiawa über sich selbst:

„Mein Dasein fühlt sich für mich wie das einer Katze an. Das fünfte Leben hat bereits begonnen. Rückwirkend kann ich behaupten, dass die einzige Konstante in meinem Leben der Wandel ist, den ich zu genießen beginne. Das war nicht immer so, doch mit zunehmendem Alter und zunehmender Reife, lerne ich ihn zu schätzen und lade ihn ein, mich auch weiterhin zu fordern und zu fördern.
Seit mehr als 25 Jahren begleite ich sehr intensiv Menschen auf ihren Wegen. Bin ihnen mal Gesprächspartnerin und mal Heilerin - mal Zuhörerin und mal Wegweiserin. Bin mal Schülerin und mal Lehrerin."

Kontakt: www.inaqiawa.net

Inaqiawa

So nah am Leben

Die Faszination des Jakobsweges

FRANKFURTER LITERATURVERLAG

Dem Alltag entfliehen, einmal alles hinter sich lassen und nur auf sich selbst besinnen. Wer würde davon nicht träumen? Bei einer Pilgertour von achthundert Kilometern auf dem Jakobsweg verwirklichte sich die Protagonistin, Samantha, diesen Wunsch. Ihre Erfahrung und meine Erlebnisse (2006) auf dem selben Weg verbinden sich und beschreiben die tiefen Gefühle und die spirituelle Atmosphäre auf dieser Strecke. Reflexionen über Begriffe wie Glück, Denken, Liebe, Verstand und Träume, aber auch über Krankheit, Ängste und Sucht geben dem Buch Nachhaltigkeit. Das Leben aus dem Rucksack, der nur das Nötigste enthält, stärkt das Bewusstsein für die Natur und die Einfachheit.

Die in diesem Buch beschriebenen Erfahrungen können hilfreich für alle sein, die sich auch auf den Weg machen wollen. Gleichzeitig ist das Buch eine Anregung, über das Leben in seiner Vielfalt und Schönheit und die reiche Gefühlswelt tiefer nachzudenken.

ISBN 978-3-8372-0431-5 **13,40 Euro**

Unter www.inaqiawa.net, mit persönlicher Widmung bestellen.

Weiterhin im LebensGut-Verlag erschienen:

"Das Tor ins Leben" von Grit Scholz
ein außergewöhnlicher Bildband über
die Vielfalt und Schönheit der weiblichen
Genitalien (Yoni) erhältlich in zwei
Ausführungen:
Hardcover, groß 25 x 25 cm, 252 Seiten
ISBN 978-3-9811805-0-3, € 39,50

Softcover, klein 12,5 x 12,5 cm, 152 Seiten
(in dieser Ausführung finden Sie nur eine Auswahl
Bilder aus der Hardcover-Version)
ISBN 978-3-9811805-1-0, € 16,50

Infos zum Buch, Bestellungen und Hinweise auf Ausstellungen,
Vorträge und Veranstaltungen unter:
www.lebensgut-verlag.de • www.das-tor-ins-leben.de

„Weich vergesse ich des Kopfes Kampf"
Gedichte von Grit Scholz
Hardcover, 10,5 x 17 cm, 88 Seiten
ISBN 978-3-9811805-2-7, € 12,50
Bestellungen und Informationen: www.lebensgut-verlag.de